高校校园足球
一本通

主　编　林秋菊　项和平

副主编　乔　伟

编　委　林秋菊　项和平　乔　伟

　　　　黄安泉　贾恩峰　陈　诚

中国科学技术大学出版社

内 容 简 介

本书对我国校园足球产生的背景以及发展的目标进行了介绍，详细分析了足球基本技术、战术以及体能训练的具体内容，并通过案例对校园足球赛事的举办过程进行了详细说明，旨在推动我国校园足球活动更好地开展。本书适用于本科、高职大专院校的体育教学以及相关专业教学参考使用。

图书在版编目(CIP)数据

高校校园足球一本通/林秋菊,项和平主编. —合肥:中国科学技术大学出版社,2021.8
ISBN 978-7-312-04783-1

Ⅰ.高… Ⅱ.①林…②项… Ⅲ.足球运动—高等学校—教材 Ⅳ.G843

中国版本图书馆 CIP 数据核字(2020)第 090146 号

高校校园足球一本通
GAOXIAO XIAOYUAN ZUQIU YI BEN TONG

出版	中国科学技术大学出版社 安徽省合肥市金寨路 96 号,230026 http://press.ustc.edu.cn http://zgkxjsdxcbs.tmall.com
印刷	合肥市宏基印刷有限公司
发行	中国科学技术大学出版社
经销	全国新华书店
开本	710 mm×1000 mm 1/16
印张	8
字数	144 千
版次	2021 年 8 月第 1 版
印次	2021 年 8 月第 1 次印刷
定价	30.00 元

前　言

《高校校园足球一本通》的编写工作是在发展校园足球的国家政策号召下，依据高校校园足球活动开展的新趋势和高校足球课程开设的实际情况，由安庆师范大学校园足球发展研究中心组织进行的。

1991年，时任国际奥委会主席的萨马兰奇在一次讲话中说，"足球起源于中国的蹴鞠"。2006年，蹴鞠被批准列入第一批国家级非物质文化遗产名录。2017年1月18日，在洛桑国际奥林匹克博物馆，国家主席习近平代表中国向国际奥委会赠送了苏绣《仕女蹴鞠图》。由此可以看出，古老的蹴鞠文化扩大了中华文化在国际上的影响，突显了源远流长的中国传统文化的软实力。现代中国足球让国民"爱恨交加"，爱的是足球运动的魅力和中国足球人锲而不舍的奋斗精神；恨的是中国足球自20世纪90年代以来的改革与发展一直不尽如人意。如何唤醒与构建足球文化理念，规范与规整足球行为秩序，疏通和创新足球改革发展思维，值得思考。

本书在编写中借鉴了《足球竞赛规则2017/2018年》《球类运动：足球》《现代足球》《国际足联草根足球培训手册》《德国足球训练全书》《全国青少年校园足球示范课教案》《中国校园足球指导员培训教程》《图解足球实战技术》《足球战术教学与训练》《足球竞赛规则与裁判法分析》《体育竞赛组织编排》《足球损伤预防与体能营养恢复》《体育赛事经营管理》《足球：赛事与赏析》《美国大学体育赛事赏析》等有关专业文献资料，并在这些文献资料的基础上结合了高校校园足球发展的需要。本书的特点主要表现在以下几个方面：

第一，教材是在中国校园足球运动开展的全面提升期推出的，旨在总结以往我国校园足球教材编写经验，努力为高校校园足球的发展起到引领示范作用，和中小学校园足球形成上下贯通的培养体系。

第二，在章节内容的安排上，遵循学生的认知规律和教师的教学规律，力求通俗易懂。

第三，在保证教材理论的系统性和内容的逻辑性的基础上，加入了校园足球运动中的安全与健康、足球赛事赏析，以保障学生的运动安全和提升学生学习的兴趣。

本书内容的构架经过多方讨论，共 7 章。第一章由林秋菊执笔；第二、四章由乔伟执笔；第三章由项和平执笔；第五章由黄安泉执笔；第六章由贾恩峰执笔；第七章由陈诚执笔。全书由林秋菊、项和平、乔伟统稿，贾恩峰校稿。

本书在编写过程中得到了许多同仁、专家和朋友的关心与支持，同时参考了许多前人的研究成果和专业书籍等，在此一并向有关人员致以诚挚的谢意。

教材几经易稿，可能仍有疏漏之处，望广大读者在使用过程中提出宝贵意见，以便再版时修订。

编者

2021 年 1 月

目 录

前言 ·· （ⅰ）

第一章 校园足球概述 ·· （1）
  第一节 校园足球产生的背景 ·· （1）
  第二节 校园足球肩负的使命 ·· （5）
  第三节 校园足球未来的展望 ·· （11）

第二章 足球基本技术学与练 ·· （16）
  第一节 足球基本技术分类 ·· （16）
  第二节 足球基本技术的练习方法 ·· （38）

第三章 足球基本战术学与练 ·· （42）
  第一节 进攻战术 ·· （43）
  第二节 进攻战术的基本练习方法 ·· （47）
  第三节 防守战术 ·· （70）
  第四节 防守战术的基本练习方法 ·· （73）

第四章 足球体能训练 ·· （87）
  第一节 无球体能训练 ··· （87）
  第二节 结合球体能训练 ·· （91）

第五章 校园足球运动竞赛与组织 ·· （94）
  第一节 校园足球运动竞赛的组织筹备工作 ··· （94）
  第二节 校内足球常用竞赛制度与编排方法 ··· （100）

第六章 校园足球运动中的健康与安全 …………………………………(106)
　第一节　校园足球运动与健康 …………………………………………(106)
　第二节　校园足球运动与安全 …………………………………………(110)
　第三节　校园足球运动中的安全与健康管理策略 ……………………(113)

第七章　足球赛事赏析 ……………………………………………………(118)

参考文献 ……………………………………………………………………(122)

第一章 校园足球概述

校园足球是一项在校园内发展足球的政策。校园足球是以学校为依托，普及足球知识与提高足球技能并举的校园活动，是读书和锻炼相得益彰的素质教育实践。

第一节 校园足球产生的背景

一、历史背景

在我国足球运动的发展过程中，青少年足球运动曾经历过四次高潮。

1964年2月，国家体育运动委员会（以下简称"国家体委"）、全国总工会、共青团中央、教育部联合召开了全国足球训练工作会议，颁布了《关于大力开展足球运动，迅速提高技术水平的决定》。这是我国青少年足球发展的第一次高潮。

1979年6月，国务院批准下发《国家体委关于提高我国足球运动技术水平若干措施的请示》，针对我国足球运动的落后面貌提出了"在群众中特别是在青少年中大力普及足球运动，抓好重点地区，迅速组建国家青年队"等九大措施。同年，在全国足球工作会议上，重新确定16个全国足球重点发展城市和地区，并增设了"萌芽杯""幼苗杯""希望杯"三个比赛。就这样，16个足球重点城市和地区的足球运动蓬勃开展起来了。1980年1月，国家体委、共青团中央、教育部又共同发布《关于在全国中小学中积极开展足球运动的联合通知》，这是我国青少年足球发展的第二次高潮。

足球要从娃娃抓起，从青少年抓起。1985年，我国举办了U16足球世界锦标赛,这对我国青少年足球界是一次极大的鼓舞,也是我国青少年足球发展的第三次高潮。

2009年4月14日,国家体育总局和教育部联合下发了《关于开展全国青少年校园足球活动的通知》,希望通过广泛开展校园足球活动,建立和完善小学、初中、高中和大学四级足球联赛,在青少年学生中普及足球知识和技能,形成校园足球文化,从而培养全面发展、特长突出的足球后备人才。这成为了推动我国青少年足球运动开展的又一高潮。

二、时代背景

2008年的北京奥运会开启了我国由体育大国向体育强国迈进的新时期,我国进入了体育事业发展的新时代。在这个新的发展时期,一方面,我国切实推行全民健身,提高全民素质,这也成为了我国体育事业发展的重点;另一方面,竞技体育的发展不再单纯追求金牌的绝对数量,而更注重追求金牌的含金量,由此凸显了"三大球"的发展问题。我国的"三大球"曾经有过女足世界杯亚军、女排五连冠、女篮奥运亚军、男足踢进世界杯的辉煌历史。但多年来"三大球"不进反退,难有起色,处于十分尴尬的境地。该如何突破瓶颈?如何寻求发展?是"三大球"齐头并进,还是以某个项目为突破口?"三大球"普及性强、关注度高、影响广泛,广大人民群众对振兴"三大球"充满热切期望。

党中央、国务院决定以民众关注度最高、问题最多、影响最大的足球作为改革的突破口,将老百姓关心和喜爱、国际影响力更大、具有极大市场潜力的足球项目发展起来难度更大,责任更重,意义更深远。为此,2009年国家体育总局和教育部联合发布了《关于加强全国青少年校园足球工作的通知》,通知要求由主管校长负责学校足球工作,并成立专门的机构,要求学校体育课加大足球教学在教学内容中所占比例,在校学生每周应有不少于2小时足球活动时间,保证全校不少于50%的学生参加足球活动。2009年6月,在北京回民中学,全国青少年校园足球活动正式启动,拉开了广泛开展校园足球的序幕。为配合校园足球活动的开展,2010年12月,全国青少年校园足球工作会议召开,出台了《中国青少年足球"十二五"发展草案》,会议就全国青少年足球发展规划达成了"既要注重当前,更要着眼长远,实现可持续发展"的共识。

三、社会背景

我国作为一个高速发展的发展中国家,在政治、经济等各方面都取得了骄人的成绩,特别是 2008 年奥运会,我国以 51 块金牌雄踞金牌榜首位。然而,面对"世界第一运动"——足球,我国的竞技水平却迟迟上不去。国家队的糟糕表现引起了国家领导人对我国足球运动的关注。党和国家领导人多次问及足球运动的发展概况,并公开表示要大力推动我国足球运动的发展,领导人的高度关注引起了国家体育总局对足球运动的高度重视。2008 年年底,国家体育总局联合多个部门共同整治足球工作,主要有以下几方面内容:

首先,国家体育总局联合公安部成立假、赌、黑足球专案办公室,面向足协官员、俱乐部官员、职业教练员、裁判员、职业球员等多个群体开启了一场史无前例的"扫毒"风暴,这次行动清除了一批阻碍我国足球运动发展的"毒瘤",为我国足球运动的健康发展铺平了道路,扫清了障碍。

其次,国家体育总局联合教育部成立全国青少年校园足球工作领导小组,由国家体育总局副局长冯建中和教育部副部长陈小娅担任组长,并制订了 2009 年至 2018 年的校园足球十年发展规划。国家体育总局每年从彩票公益金中拨出不少于 4000 万元的经费作为开展青少年校园足球经费,目的是通过广泛开展校园足球活动,建立和完善小学、初中、高中和大学校园足球四级联赛,在青少年学生中普及足球知识和技能,形成校园足球文化,从而培养全面发展、特长突出的青少年足球后备人才。这项举措将为我国足球运动的健康发展奠定坚实的基础。

第三,国家体育总局调整了每四年一届全运会足球项目的金牌比重,全运会足球项目增加了低年龄段项目,足球项目总金牌数由原来的 4 枚增加到了 24 枚,其中男、女组各设置 U18、U20 两个组别,每个组别的第一名得 3 枚金牌,第二名得 2 枚金牌,第三名得 1 枚金牌,4 个组别共计 24 枚金牌。这项举措引起了各地方体育管理部门对足球运动的高度重视,为足球运动的健康发展提供了保证。

四、中国足球改革背景

(一) 足球崛起是实现体育强国的迫切需要

奥运强国不等于体育强国,从这个层面分析,体育强国不仅需要在竞技层面占据领先地位,还必须在基础设施建设、群众体育发展、体育文化软实力等诸多方面占据领先地位,世界上很多国家已经把本国足球水平作为国家软实力的重要标志之一。一个国家足球水平的发展,需要遵循足球运动的客观发展规律,其中不仅涉及青少年足球的普及与发展,同时还涉及公众对足球运动本身的需求和整个国家足球氛围的营造等方面,是一项复杂而系统的工程。因此,中国足球的崛起与我国实现体育强国的目标不谋而合。足球作为世界上影响极广泛的运动之一,其影响力与感召力使其成为我国实现体育强国目标的关键板块之一。

(二) 青少年足球的发展是我国足球可持续发展的关键

1994年职业联赛体系建立后,中国足球走向了市场,培养青少年的任务也随之转移到了职业俱乐部身上。然而,职业俱乐部的粗放经营导致青少年培养存在种种弊端,影响了我国足球整体水平的提高。2008年我国足球运动的发展滑到最低谷,男足国家队在2006年德国世界杯预选赛、2008年北京奥运会小组赛和2010年南非世界杯预选赛中均未出线,女足国家队在世界杯小组赛和奥运会中也双双失利。我国男足国家队世界排位跌至107位,亚洲第13位,成为亚洲名副其实的三流水平球队。

中国足球长期以来在国际重大赛事中未能取得理想的成绩,与国家整体足球基础薄弱、青少年足球人口缺乏有着密切的联系。为振兴中国足球运动,尽快提高我国足球运动整体水平,2010年12月29日,中国足协颁布了《中国青少年足球"十二五"发展草案(征求意见稿)》以下简称《草案》,指出了目前我国青少年足球所面临的问题和困境,也为增加足球人口提出了建议。青少年足球的发展是我国足球可持续发展的"基石"和"源头",开展青少年足球工作主要有两大目标:一是抓好普及,扩大规模;二是培养人才,提高水平。《草案》深入剖析了我国青少年足球的现状和问题,明确指出当前我国青少年足球培养基础严重萎缩,后备人才青黄不接,青少年足球人才梯队数量和质量的不断下降是导致国家队与职业联赛水平长期徘徊不前的重要原因,并且从我国青少年足球所面临的形势、指导思想、发展思路、发展目标、工作任务、工作步骤六个维度对近五年青少年足球的发展提出了具体的要求与思路。

(三) 体育回归教育,足球回归校园

在中国足球经历了一次次改革的阵痛后,我国已充分意识到,要提高足球水平,发展青少年足球是关键,必须卧薪尝胆,重新出发。2009年4月14日,国家体育总局和教育部联合下发了《关于开展全国青少年校园足球活动的通知》及《全国青少年校园足球活动的实施方案》,这是新中国成立以来两部委首次就一个单项体育运动联合发文。2009年6月,全国青少年校园足球活动在青岛正式启动,在全国中小学校广泛开展。依据该校园足球活动方案,自2009年起,目前已在全国46个城市两千多所小学和初中推广校园足球活动,在"增强学生体质,培养青少年拼搏进取、团结合作的体育精神"的思想指导下,通过广泛开展校园足球活动,建立和完善小学、初中、高中、大学四级足球联赛,在青少年中普及足球知识和技能,形成浓厚的校园足球文化,从而培养全面发展、特长突出的青少年足球后备人才。国家体育总局与教育部首次合作,在校园足球活动中,国家体育总局每年投入专项经费,支持布局城市和布点学校开展校园足球活动和组织学校联赛。而教育部则在教育政策和制度指导方面给予强有力的支持,使学生在保证完成科学文化知识学习的前提下,有组织、有目的地参与足球训练和比赛任务。当前,体育回归教育,足球回归校园已成为共识,是日后我国足球发展的基本路线。

第二节　校园足球肩负的使命

一、校园足球改革的三大核心任务

校园足球改革的三大核心任务,就是教学、竞赛和保障。

第一,教会运动(足球)技能。全国首批校园足球特色学校的第一项核心任务,就是要教会每一个孩子踢足球。每周有一节体育课用于足球教学,并通过课余活动,加强组织孩子们训练,鼓励他们参与竞技足球比赛。为了实现这个目标,首先要解决师资不足问题。2015年暑期和2016年寒假期

间,教育部对 14000 名教师进行了培训,并且下发《校园足球教学指南》《学生足球技能等级标准》,全面推进校园足球特色学校工作,促进校园足球工作的全面开展;拍摄 365 集足球教学视频,使校园足球特色学校的学生通过每周一节的足球课学会踢足球。

第二,构建校园足球竞赛体系。通过比赛,能够有效提高孩子们的运动技能,能够充分激发孩子们参与锻炼的热情,能够实现体育立德树人的价值。所以,除了扎实开展教学任务以外,在课堂上、班级内部,也要经常组织足球比赛,可以在参加校内比赛的基础上组成校队,参加校际比赛。同时,开展选拔性的比赛,在此基础上组建区域、县、市、省和全国的最佳阵容。

第三,完善校园足球保障体系。包括建设专业师资队伍,改进和优化场地设施,加强安全风险防护和意外伤害保险保障,加大校园足球的宣传力度,建立学校、学生积极参与体育活动的激励机制等。

二、校园足球建设的两大关键环境

重视舆论环境,我们要通过媒体的宣传凸显足球在学校体育教育体系中所发挥的作用,即足球能带给我们什么。

政策环境是隐性环境,首先,要推进对体育价值的重新认识。对体育价值认识不足造成了政策规划上的短板,所以我们要努力营造全社会都关注学校体育、关注学生全面成长的氛围。同时,还要用相应的配套政策鼓励全社会都来关心、关注学校体育的发展。其次,应在政策上持续完善体育对学生评价的影响,在办学水平、领导干部绩效考核,以及地区经济社会发展的综合评价指标中也要把所培养学生的体质健康、运动技能和健全人格作为重要的评价指标。

校园足球的发展是学校体育综合改革先行先试的样板。校园足球工作的经验可直接应用到学校体育改革的整体推进和不同运动项目教学、竞赛体系建设中去。如果把体育教育作为人生成长中必不可少的环节,成为培养健全人格不可替代的途径之一,成为教会学生运动技能、提高国民健康素质的重要组成部分,那么将极大地推动体育办学条件的改善,学生、学校、社会支持、参与体育锻炼、体育竞赛的激励政策的建立和完善。这是一个双向互动的过程,我们只有把学校体育的价值真正搞清楚,真正能够达成共识,才能真正解决体育办学条件的问题,才能真正形成有利于体育包括学校体育健康发展的社会环境。

我们现在大力推进校园足球改革并不代表公众对体育价值的认识已经

有了显著的提高,而恰恰是因为中国足球水平很低,且强化基础要从娃娃抓起。这既符合足球发展规律,又符合体育的价值要求。所以我们现在大力推进校园足球,要将其做成一个标杆,通过校园足球工作的推进,更好地彰显体育的价值所在,从根本上改变公众的思想观念,改变社会对体育价值的思考方式。为了实现这一目标,我们要关注两个方面的工作,一是供给方面,其中包括场地、师资及经费;二是精神追求,包括怎么改善教学、训练以及竞赛,并且在此基础上,对学校体育教育的效果进行考核和评价,其中包括对工作的评价,对受教育者个人能力、素质的评价,这也是最基础性的工作。目前看来,随着国家经济水平的提高,硬件问题会逐步得到解决,但是教学、训练以及比赛制度的改革,评价体系的完善,难度则会大一点。只有这两个方面都得到实质性的改进,学校体育教育才能逐渐走向正轨。

三、校园足球发展的五大重要作用

(一) 对强身健体的作用

校园足球活动是青少年强身健体的有效手段,培养具有强健体魄的青少年不仅是人才培养的首要前提,同时也是人才素质的重要组成部分。《国家中长期教育改革和发展规划纲要(2010~2020年)》指出:"把促进学生健康成长作为学校一切工作的出发点和落脚点,加强体育,牢固树立健康第一的思想。"《中共中央国务院关于深化教育改革全面推进素质教育的决定》中同样指出:"健康体魄是青少年为祖国和人民服务的基本前提,是中华民族旺盛生命力的体现。"

足球运动的特点决定了其对青少年强身健体具有突出价值。其一,从促进身体健康的角度看,足球运动作为一项全身性、综合性的集体项目,在活动过程中要通过各种形式的有球和无球活动来有效增强人的体能。从足球运动所需要的体能来看,几乎涵盖了体能训练的所有内容,有与身体素质有关的体能,如心肺耐力、柔韧性、肌肉力量、耐力、体脂率等,也有与动作技能有关的体能,如速度、力量、灵敏、协调、平衡和反应等。根据FIFA《足球与健康》杂志报道:"足球项目是最好的健康'守护者',每周3次,单次持续时间为1小时的足球活动能够有效促进身心健康。"参与足球训练,可以有效提高机体抵抗各类疾病的能力。研究表明,踢足球可以有效降低发生心脏病、中风、癌症、高血压等疾病的概率,同时对减肥具有突出的效果。青少年正处在生长发育的黄金时期,踢足球可以促进骨骼生长,提高骨密度和骨骼的抗压能力,预防骨质疏松症。其二,从促进心理健康的角度看,经常参加足球活动和比赛能增强人的自信心,改善人的心理素质,长期参加足球运动还可以培养勇敢顽强、不断进取、坚韧不拔、胜不骄败不馁的意志品质,以及热爱集体、团结合作、遵守纪律、敢于竞争、公平竞争、文明礼貌等优良道德品质。现代人普遍具有追求成功、敢于冒险、依靠努力和奋斗赢得胜利、超越现状的心理倾向,足球运动的特点恰好迎合了这种心理需要,因此世界上很多人,特别是青少年普遍对它产生了浓厚的兴趣,并且关注和从事这项活动。其三,从增强青少年社会适应能力看,经常参加足球运动有助于增加青少年与他人之间接触和交往的机会,帮助其更好地融入社会环境,增强社会适应能力。团结协作、发挥球队的合力是足球运动的一个显著特点,因此,足球运动需要参与者具备良好的合作能力,同时这种合作能力也可以通过足球运动得到进一步发展与提升。足球运动中所体现出的竞争与合作意识对于日后青少年走向社会、更好地适应社会具有突出的作用。因此,足球运动在校园的全面开展,不仅赋予了青少年更多的体育权利,而且拓宽了青少年对体育项目的选择权。以校园足球活动为引领,吸引更多的青少年参加足球运动,全面发展青少年体能,提高青少年身心健康和社会适应能力。

(二) 对开展阳光体育的作用

2006年12月23日,为全面贯彻党的教育方针,认真落实"健康第一"的指导思想,在全国亿万学生中掀起体育锻炼的热潮,切实提高学生体质健康水平,教育部、国家体育总局、共青团中央下发了《关于开展全国亿万学生阳光体育运动的决定》,从2007年开始,结合《国家学生体质健康标准》的全面实施,在全国各级各类学校中广泛深入地开展全国亿万学生阳光体育运动。《关于开展全国亿万学生阳光体育运动的决定》指出:"使85%以上的学校能全面实施《学生体质健康标准》,使85%以上的学生能做到每天锻炼一小时,达到《学生体质健康标准》及格等级以上,掌握至少两项日常锻炼的体育技能,形成良好的体育锻炼习惯,体质健康水平切实得到提高。"由此可以看出,阳光体育运动是以促进学生身心健康为目标,使85%以上的学生能达到体质健康标准,坚持每天锻炼一小时,在学校体育学习阶段为终身坚持体育锻炼打下坚实基础的一项全国性校园体育活动。

2009年,全国青少年校园足球活动在全国范围内全面实施,这无疑成为了贯彻阳光体育运动的良好选择。首先,从规模上来看,阳光体育运动与校园足球活动都是青少年健康促进工程中的重要举措。校园足球活动是一项长期的系统工程(2004年的44个城市2300多所学校只是活动初步开始的规模,截至 2012 年 6 月,全国共布局 49 个城市,超过 3000 所学校参与),全国青少年校园足球工作领导小组办公室(以下简称"全国校足办")制订了为期十年的发展规划,计划将校园足球活动全面推广到全国的大、中、小学。这与阳光体育的规模要求具有一致性。其次,从足球项目特点来看,足球运动具有参与人数多、规则简单、开展形式多样(如 3 对 3、5 对 5、7 对 7)等特点。此外,根据学生的年龄段、不同的场地条件,可以对足球运动做规则上的修改,同时足球项目的教材和教学改革拥有较大的余地,使其有利于在学校组织与实施。因此,其规则简单、参与人数多、易于组织的特点决定了校园足球很适合作为阳光体育的手段在广大学校中推广。最后,从足球项目的魅力来看,足球项目作为世界第一运动,吸引了无数青少年参与其中。足球可以带给人身体的强壮和精神的愉悦。青少年在足球运动中不仅能够养坚持锻炼的习惯,还能培养团结、拼搏、自控能力、意志力等优良品质,将足球运动作为终身体育爱好与终身体育项目。

校园足球是阳光体育运动的良好选择,这不仅体现在校园足球活动促进了阳光体育运动规模的扩大和人数的增加,还体现在校园足球活动可以作为学校校本课程与课外体育活动的重要内容。在国家大力倡导增强青少年体质的大背景下,阳光体育运动与校园足球活动相得益彰,将发挥巨大的历史作用。

(三)对普及足球运动的作用

全国青少年校园足球活动的指导思想是"通过在全国大学、中学和小学广泛开展校园足球活动,在广大青少年学生中普及足球知识和足球技能,创建依托学校培养青少年足球后备人才的新型发展模式"。因而其竞赛活动的主要目标是通过足球竞赛这种方式,在广大青少年学生中推广与普及足球运动,培养学生对足球的兴趣,增强学生体质,以达到扩大我国足球后备人才培养规模的目的。其重点是普及,主体在校内。

校园足球活动的主体对象是青少年,研究数据显示,"至 2004 年,全国普及九年义务教育地区人口覆盖率已达到 93.6%,小学生辍学率为 0.59%,初中生辍学率为 2.49%"。由此可见我国的青少年几乎都活跃在校园内,只有在校园内推广足球活动,才能真正做到对足球项目的普及,普及不仅可以加强青少年对足球知识和技能的了解,也可为后期的提高与发展打下坚实的基础。足球知识和技能普及的价值主要体现在知识和技能普及的深度和广度上。深度主要是指人们对足球知识认识的加深、关注程度的提高以及技能掌握三方面。广度则是指足球知识和技能覆盖人数的增加,面向城市的增多、学校规模的扩大。

（四）对培养足球后备人才发挥的作用

体育回归教育，足球回归校园。校园足球活动的开展突破了我国长期以来以体工队为中心的三级足球后备人才培养模式，开创了体育教育与培养青少年足球人才相结合的新模式。如果说校园足球活动的基础是普及的话，那么提高就是对足球知识和技能的进一步发展，而提高阶段则能反映足球后备人才培养的真实水平。国外足球强国的发展经验告诉我们，只有夯实青少年足球基础才能真正提高一个国家的足球水平。由此可见，足球项目的发展必须遵循足球运动的发展规律和青少年的身心发展规律。足球人才的培养，特别是足球后备人才的培养必须从青少年抓起，其根基是校园。因此，发展校园足球活动是中国足球痛定思痛后的必然选择，对于我国足球后备人才的培养具有不可估量的价值。

足球后备人才的培养价值分别体现在两个层次和两个方面。两个层次指的是普及和提高，足球知识和技能的普及是校园足球活动的重点和根本出发点，提高则是中国足球发展的必然要求。普及是提高的基石，脱离了普及，提高就无从谈起，这是一个从量变到质变的过程。没有广泛的普及，就不会有根本性的提高，更谈不上青少年足球后备人才的培养。两个方面指的是足球后备人才的培养和足球相关人才的培养。其中，足球后备人才的培养水平主要体现在青少年足球注册人口显著增加，青少年足球知识极大丰富，足球技能水平显著提高，人才培养体系初步建立这四个方面。青少年足球相关人才主要包括了教学、科研、管理等方面的人才，目标是使其足球相关知识极大丰富，人数显著增加。

（五）对推进素质教育的作用

素质教育是指一种以提高受教育者多方面素质为目标的教育模式，它重视人的思想道德素质、能力培养、个性发展、身体健康和心理健康教育，与应试教育相对应。

校园足球活动是素质教育的重要手段之一。足球活动是集德育、智育、体育、美育为一体的一种综合性的教育手段，其中不仅蕴含了个性品质价值，还有集体凝聚力价值。正如前国际足联主席布拉特在对我国校园足球活动的评价中所说："足球作为集体项目在学校开展，是一种教育方式，让孩子们学会遵守纪律和尊重他人。他们中终会有人成为中国的足球明星，而其他人会成为优秀的中国人。"

足球教育也是人生教育。从这个层面上讲,校园足球活动对青少年来说已不仅是运动方式的问题,而且是一个学习过程的问题。在校园足球活动中,青少年不断培养自己的智商与情商,学会尊重、协作、支持、分享。通过校园足球活动这个载体,培养素质全面发展的合格公民,正是素质教育与校园足球活动的一种完美结合。

第三节　校园足球未来的展望

一、重要事件回顾

(1) 2009年4月14日,国家体育总局和教育部联合下发了《关于开展全国青少年校园足球活动的通知》及《全国青少年校园足球活动的实施方案》。《全国青少年校园足球活动的实施方案》明确了开展全国青少年校园足球活动的指导思想、工作方针、组织机构,小学、初中、高中和大学联赛的开展目标,入选学校的条件和要求,经费管理等事宜。

(2) 2009年4月13日～17日,国际足联首次在全球范围推出的"草根足球发展计划",即针对6～12岁在校学生的足球普及计划。该计划首先在中国昆明启动,随后在武汉、秦皇岛和济南陆续展开,全国各地推荐的160名校园足球讲师参加了培训。它标志着我国面对广大中小学生的足球普及工作被纳入国际足联的计划。

(3) 2009年5月,国家体育总局党组研究决定,每年从体育彩票公益金中提取4000万元,作为开展青少年校园足球的专项经费,用于人员培训、器材补充、联赛实施、学生保险、组织训练营和足球节、场地建设以及宣传推广等专项支出,为校园足球的开展提供了有力的保障。

(4) 2009年6月10日,即毛主席题词"发展体育运动,增强人民体质"的57周年纪念日,国家体育总局和教育部在北京回民中学拉开了全国青少年校园足球活动的帷幕,并成立了全国青少年校园足球工作领导小组。在会上,总局和教育部的领导做了重要讲话。全国校园足球工作的实施方案和策略将以推动体教结合发展青少年足球和校园足球文化为目的,以班级间、校际和市内的联赛为主导,以培训各类人才为依托。

(5) 2009年8月7日,全国青少年校园足球工作领导小组办公室根据国际足联和亚足联关于青少年足球发展和竞赛的规律和原则,结合中国国情,制订下发了《全国青少年校园足球联赛规程》《纪律规范》《注册规定》和联赛组织相关纲要文件,有效地指导布局城市和定点学校开展校园足球活动和联赛。

(6) 2009年10月14日,全国青少年校园足球活动正式启动,小学和初中联赛在青岛拉开帷幕。

(7) 2009年12月21日,国际足联表彰中国体育和教育部门共同合作,在全国44个城市实施校园足球计划,上百万中小学生受惠于足球活动,这是对全世界足球普及事业的贡献,授予中国"足球发展奖"。

(8) 2010年6月25日,全国校园足球论坛在杭州举行。国内外青少年训练营(以下简称"青训营")专家和地方城市及学校的代表交流了实施校园足球的探索与收获。

(9) 2011年,国家体育总局和教育部研究部署了强化校园足球政策保障工作。

(10) 2013年,《国家体育总局联合教育部印发关于加强全国青少年校园足球工作的意见》。

(11) 2015年2月27日,《中国足球改革发展总体方案》通过。

二、《中国足球改革总体方案》

2015年3月8日,国务院办公厅发布了《中国足球改革发展总体方案》(以下简称《方案》),《方案》是对我国足球事业的改革和发展的顶层设计和系统谋划,将足球的发展推升到国家高度,上升为国家战略,从国家层面明确了足球发展的战略意义,将校园足球列为国家战略的正式组成部分。

《方案》对校园足球的定位更加清晰,强调了校园足球在国家战略中的重要基础作用,就如何改革推进校园足球发展做出顶层设计,设计包括以下几个方面:

(1) 发挥足球育人功能。深化学校体育改革、培养全面发展人才,把校园足球作为扩大足球人口规模、夯实足球人才根基、提高学生综合素质、促进青少年健康成长的基础性工程,增强家长、社会的认同和支持,让更多青少年热爱足球、享受足球,使参与足球运动成为体验、适应社会规则和竖立道德规范的有效途径。

(2) 推进校园足球普及。各地中小学把足球列入体育课教学内容,加大学时比重。以扶持特色带动普及,对基础较好、积极性较高的中小学重点扶持,全国中小学校园足球特色学校在现有5000多所基础上,将于2020年达到2万所,2025年达到5万所,其中开展女子足球的学校占一定比例。完善保险机制,推进政府购买服务,提升校园足球安全保障水平,解除学生、家长和学校的后顾之忧。

(3) 促进文化学习与足球技能共同发展。加强足球特长生文化课教学管理,完善考试招生政策,激励学生长期积极参加足球学习和训练。允许足球特长生在升学录取时在一定范围内合理流动,获得良好的特长发展环境。

(4) 促进青少年足球人才规模化成长。推动成立大中小学校园足球队,抓紧完善常态化、纵横贯通的大学、高中、初中、小学四级足球竞赛体系,探索将高校足球竞赛成绩纳入高校体育工作考核评价体系。

(5) 扩充师资队伍。通过培训现有专、兼职足球教师和招录新人等多种方式,提高教学教练水平,鼓励引进海外高水平足球教练。到2020年,完成对5万名校园足球专、兼职足球教师的一轮培训。完善政策措施,加强专业教育,为退役运动员转岗为体育教师创造条件。

《方案》的"顶层设计"对中国教育与体育体制的改革、体育强国崛起以及指导我国校园足球的发展具有重大意义。校园足球"顶层设计"进入实施阶段,以校园足球的发展带动学校体育的整体改革,政府将因地制宜、逐步改善校园足球工作。2014年7月,教育部提出了新修订的校园足球改革方案,力争使校园足球取得重大突破。加快普及、制订并实施校园足球中长期发展规划,合理布局小学、中学、大学定点学校,用3年时间把校园足球定点学校由目前的5000余所扩展到2万所。开展联赛,自2014年起逐步建立健全小学、初中、高中和大学四级足球联赛机制,通过招生考试政策疏通足球人才成长通道,源源不断地培养优秀足球后备人才。可见,新的校园足球改革方案实际上是由合理布点学校并增加布点学校数量、疏通校园足球人才出路、建立学生的四级联赛制度这三个支柱支撑的整体改革方案。如果再加上教育系统负责推进校园足球工作(实质上是足球训练和比赛回到国民教育体系的机制创新)这一支柱,就构成了新校园足球的"四大支柱"。我们是否可以这样认为:这新的"四个支柱"就是新校园足球的主要的创新点,也是主要的新动力。当我们仔细分析这"四个支柱"时,不难发现这"四大支柱"之间是互相支撑的联动关系。

三、未来的展望

(一) 校园足球即将进入新时代

习近平总书记在十九大报告里面明确指出中国将进入新时代,而中国进入新时代的一个最典型的特征就是中国社会的主要矛盾发生了变化,就是人民对美好生活的向往和不充分不平衡的发展之间的矛盾。换句话来讲,中国进入新时代要实现的目标是使我们各项事业都能够达到更充分和更平衡的发展。校园足球经过3年的发展,打下了一个良好的基础。目前全国已认定2万所校园足球特色校、102个试点县、12个实验区。2017年年底建成了4个满天星的训练营。培训近3万人参加了国家级的教师培训,加上省市的培训,共计20万人参训。中央财政及各省区市投入大批资金,使得场地条件得到改善,师资队伍得以加强,教学体系、训练体系和竞赛体系逐渐完善。校园足球在普及工作上做出了非常突出的成绩。

(二) 校园足球的平衡发展

我们的目标是到2025年,将再建3万所校园足球特色校。现有2万所特色学校意味着每周有2000万的青少年要上1节足球课,都能在校内参加足球训练和比赛,还有校级联赛和选拔性的竞赛。整个校园足球从竞赛体系到课余训练体系,再到最基础的教学体系已经基本搭建完成。2018年9月,我们推出了校园足球教学体系中的重磅资料,那就是从小学一年级到初中三年级义务教育阶段,按照每年2个学期,每个学期20周,每周1节足球课,将共计360堂足球课拍成视频。从小学一年级的第一堂课,到初三的最后一堂课,共包括360堂课的教学大纲、360堂课的视频。让每一个特色校的足球老师都能获得最直接的帮助和指导,实现教学的充分和平衡的发展。

(三) 校园足球的未来展望

校园足球发展至今已有10年。在这10年里,全国青少年校园足球工作已经形成初步的框架和体系,第一阶段和第二阶段的既定目标与任务已基本完成。制订了可持续发展的中长期战略,建立了相应的组织机构,人员和资金基本到位。理念较先进,政策较明确,管理措施基本得当,宣传有声有色。各地在实施过程中,充满热情和责任感,克服困难,创造性地工作,取得了令人瞩目的成绩。但是在肯定成绩的同时,我们也应该正视在校园足球活动开展过程中所出现的问题。诸如对校园足球活动的认识层次不高;教育和体育职能部门对校园足球的职责与分工有待协调;师资薄弱、经费不足、场地设施落后;政策保障体制和评估体系需完善与健全;规范化训练和管理矛盾突出;竞赛体系、注册管理系统不健全等问题还比较突出。

校园足球活动是一项长期且系统的工程。尤其是改变了体育系统一家统管青少年足球运动造成的弊端,教育系统的参与焕发了足球运动在青少年人群中的生命活力,点燃了我国青少年足球发展的希望,开创了我国青少年体育运动发展的新模式,将体教结合推到一个新的高度,为教育改革提供了一个新的助推器。在日后校园足球的发展进程中,教育系统将会承担更多的责任,并逐渐进入角色。我国校园足球活动已经步入前10年的第三个发展阶段,"逐步扩大规模,可持续发展"是第三阶段发展的目标与任务。扩大规模不仅指数量的增加,更指发展质量的提高。在总结改进前两个阶段所存在问题的基础上,实现青少年足球人口在数量和质量上的扩容。可持续发展是指必须建立健全校园足球的运行机制,遵循足球发展的客观规律和青少年足球后备人才培养规律,处理好足球普及、提高和竞技三者的辩证关系,真正把校园足球活动作为我国青少年教育的一个重要载体,最终实现足球运动水平的全面提高和青少年的全面发展目标。校园足球的推行,不仅推动了足球的改革,也推动了我国体育体制的改革。

校园足球在学校体育改革中先行一步。改革的推进既需要高明的顶层设计,也需要一群踏实能干、默默奉献的奋斗者,同时,还需要随时协调各方面的关系。这是一件极具挑战性的工作,也是我国体育改革的希望所在。

第二章 足球基本技术学与练

　　足球技术是运动员在足球比赛中所采用的合理动作方法的总称,它是在比赛实践中逐步形成、发展和完善起来的。本章主要介绍足球的基本技术动作和练习的方法范例。为了便于学生学习和理解踢、停、顶、运、掷、抢和守门员的技术动作,每一技术动作均配有实物图片和文字说明。

第一节 足球基本技术分类

　　足球基本技术分为有球技术和无球技术,如图 2.1 所示。

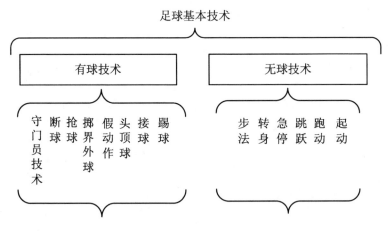

图 2.1　足球基本技术分类

一、踢球

踢球是组织进攻、变化战术、渗透突破、创造和完成射门的重要手段,也是比赛中应用最多的一项技术。

(一) 脚内侧踢球

特点:触球面积比较大,适用于短距离传球和射门。

技术动作要领:直线助跑,支撑脚踏在球的一侧,膝关节微屈,脚趾指向出球方向。右腿以髋关节为轴由后向前摆动,膝关节外旋,脚后跟前顶,脚尖微翘,以脚内侧对准来球,当右腿膝关节摆至接近球体上方时,小腿加速前摆。踢球瞬间脚踝绷紧,脚型固定,踢球的后中部。踢球后,顺势随球摆动。动作如图 2.2 所示。

图 2.2 脚内侧踢球

(二) 脚背正面踢球

特点:摆动腿摆幅较大,摆腿动作顺畅快速,发力较充分,但出球路线较单一,适用于远距离的发球和大力射门。

技术动作要领:直线助跑,支撑脚踏在球一侧,脚趾指向出球方向,膝关节微屈。在支撑脚前跨的同时,踢球腿大腿顺势后摆,小腿后屈。前摆时,大腿以髋关节为轴带动小腿前摆,当膝关节摆至接近球体上方时,小腿加速前摆,脚背绷直,脚趾扣紧,以脚背正面踢球的后中部。踢球后,踢球腿顺势前摆落地。动作如图 2.3 所示。

图 2.3 脚背正面踢球

(三) 脚背内侧踢球

特点:摆腿动作顺畅、幅度大,脚触球面积大,出球平稳有力,且出球路线富于变化,适用于中远距离传球、定位球和射门。

技术动作要领:斜线助跑,助跑方向与出球方向约呈 45°,支撑脚踏在球侧后方,脚趾指向出球方向,膝关节微屈,眼睛看球,重心稍倾向支撑脚一侧。在支撑脚踏地的同时,踢球腿以髋关节为轴,大腿带动小腿由外向前内略成弧线摆动,膝踝关节稍外旋。当膝关节摆至接近球体的内侧上方时,小腿加速前摆。踢球时,膝踝关节向前顶送,脚背绷直,脚趾扣紧斜下指,以脚背内侧踢球的后中下部。踢球后,踢球腿顺势前摆落地。动作如图 2.4 所示。

图 2.4　脚背内侧踢球

（四）脚背外侧踢球

特点：预摆幅度小、出脚快，出球具有隐蔽性，实用性较强，也是一种较难掌握的踢球技术。

技术动作要领：该动作方法类似于脚背正面踢球，只是摆踢时，脚面绷直，脚趾内扣并斜下指，用脚背外侧踢球的后中部，踢球后，踢球腿顺势前摆着地。动作如图 2.5 所示。

图 2.5　脚背外侧踢球

二、接球

接球是指运动员运用身体的有效部位,将运动中的球有目的地接控在所需位置上的动作方法,是运动员获得球的主要手段。

(一) 脚部接球

1. 脚内侧接球

(1) 接地滚球,动作如图 2.6 所示。

图 2.6　接地滚球

(2) 接反弹球,动作如图 2.7 所示。
(3) 接空中球,动作如图 2.8 所示。

2. 脚背正面接球

动作如图 2.9 所示。

图 2.7 接反弹球

图 2.8 接空中球

图 2.9　脚背正面接球

3. 脚掌接球

动作如图 2.10 所示。

(a) 侧面图

图 2.10　脚掌接球

(b) 背面图

图 2.10　脚掌接球(续)

4. 脚背外侧接球

动作如图 2.11 所示。

图 2.11　脚背外侧接球

（二）胸部接球

1. 挺胸式接球

动作如图 2.12 所示。

图 2.12　挺胸式接球

2. 缩胸式接球

动作如图 2.13 所示。

图 2.13　缩胸式接球

(三)大腿接球

动作如图 2.14 所示。

图 2.14 大腿接球

(四)头部接球

动作如图 2.15 所示。

图 2.15 头部接球

三、头顶球

头顶球是指运动员有目的地用前额将球击向预定目标的动作方法。前额正面顶球，动作如图 2.16 所示。

(a)

(b)

图 2.16　前额正面顶球

四、运球

运球是指运动员有目的地控制球。

1. 脚背正面运球

动作如图 2.17 所示。

(a)

(b)

图 2.17 脚背正面运球

2. 脚背内侧运球

动作如图 2.18 所示。

图 2.18　脚背内侧运球

3. 脚背外侧运球

动作如图 2.19 所示。

图 2.19　脚背外侧运球

4. 脚内侧运球

动作如图 2.20 所示。

图 2.20　脚内侧运球

五、抢球与断球

抢球是指防守队员将进攻队员控制着的球直接争夺过来或破坏掉的动作方法。断球是指用规则所允许的动作，把对方队员间的传球截获的动作方法。

抢球动作如图 2.21、图 2.22 所示。

(a)

图 2.21　正面抢球

(b)

图 2.21 正面抢球(续)

图 2.22 侧面抢球

六、掷界外球

掷界外球是指运动员按规则用双手将球掷入场内的动作方法。掷球时,掷球队员必须面向球场,用双手将球从头后经头顶用连续的动作掷入场内,脚可以踩在边线上,但不得越过边线。动作如图 2.23 所示。

第二章 足球基本技术学与练 31

(a)

(b)

图 2.23 掷界外球

七、守门员技术

守门员技术是在规则的允许下,守门员在罚球区内主要用手完成的防守任务,以避免对手得分的技术动作的总称。

(一)接球

1. 下手接球

下手接球时,基本手型为"簸箕"状。下手接球有多种方式,如图2.24～图2.26所示。

图 2.24　站立式接球

图 2.25　半跪式接球

图 2.26 俯背式接球

2. 上手接球

接球时手形约成"W"形,如图 2.27 所示。

图 2.27 上手接球

（二）扑球

动作如图 2.28、图 2.29 所示。

图 2.28　侧身扑接半高球

图 2.29　倒地扑接地滚球

（三）托、踢球

动作如图 2.30、图 2.31 所示。

第二章　足球基本技术学与练

图 2.30　单手托球

图 2.31　双拳踢球

（四）发球

动作如图 2.32～图 2.34 所示。

图 2.32　脚踢高抛球

(a)

(b)

图 2.33　低手掷地滚球

(a)

(b)

(c)

(d)

图 2.34　高手掷发球

第二节　足球基本技术的练习方法

一、踢球技术的练习方法

根据脚触球的不同部位可以分为脚内侧、脚背正面、脚背内侧和脚背外侧等四种常见的踢球技术动作。

（一）练习的形式与方法

（1）无球模仿练习：通过视频录像和教师演示，初步体会动作感觉，练习时身体放松，控制好踢球部位、脚型和踢摆的速度节奏。

（2）踢固定球练习：练习对象可以两人一组，一个人把球踩在脚下，另一个人用脚的不同部位踢球，感受脚的触球部位。

（3）踢定位球练习：可面对足球墙、足球网自己练习；练习的距离根据自己的水平的提高由近至远，由固定目标过渡到活动目标。

（二）练习要素的变化

（1）活动速度的变化：踢球的速度开始可以慢一些，后逐渐提升传球力量和速度，由原地踢球逐渐过渡到跑动踢球。

（2）技术组合的变化：开始练习时可先做单个动作，然后结合接球、运球以及过人等组合动作进行练习。

（3）练习人数的变化：开始时人数可以少一点，后增加练习人数，变换传球的方向，提高传球的准确性。

（4）对抗强度：从无对抗到有对抗，从弱对抗到强对抗，再到实战比赛。

（5）练习球数量的变化：练习足球的数量由少到多，以提高快速处理球的能力。

二、接球技术的练习方法

（一）练习的形式与方法

(1) 练习者进行自抛自接练习。
(2) 在相互传球过程中进行多个部位的接球练习。
(3) 两人一组，一人传球创造条件，另一人练习接球的技术动作。

（二）练习要素的变化

(1) 开始练习时，接球动作可以简单一些，重点体会接球时接球动作的变化，如迎撤动作、切挡动作。
(2) 注意调整来球的力量大小，根据接球动作的熟练程度，改变来球的力量和速度。
(3) 接球练习可以先接地滚球，然后接高空球，再接平空球和反弹球。练习控球部位可以先脚后胸，再到大腿、头部、腹部等。
(4) 变化练习的难度、距离、力量、速度。

三、头顶球技术的练习方法

（一）练习的形式与方法

(1) 原地无球练习头顶球技术动作。
(2) 跑动中无球练习或跳起无球模仿练习。练习无球跑动和无球跳起动作。
(3) 两人一组，一抛一顶。

（二）练习要素的变化

(1) 活动方式的变化：两人一组，一人抛球，一人先做原地头顶球练习，然后做跑动或跳起头顶球练习，还可以坐在地上练习顶球。
(2) 目标方向变化：开始练习时，可向前顶球，经过一段时间的练习，可以练习向后或向两侧顶球。

四、运球技术的练习方法

运球时根据脚触球的部位可以分为脚背正面、脚背内侧、脚背外侧和脚内侧运球。

(一) 练习的形式与方法

(1) 开始可以一步一运,然后两步一运,然后可以在慢速跑动中推或拨球前进,熟练后可以双脚交替运球前进。

(2) 练习直线变速运球和曲线运球。

(二) 练习要素的变化

(1) 开始运球的速度可以稍慢,熟练后逐渐加快速度或快慢结合运球,也可根据哨声的变换改变自己运球的速度。

(2) 可通过调整运球场地的大小或增加限制线,提高运球控制球能力。

五、抢、断球技术的练习方法

(一) 断球技术的练习方法

1. 练习的形式与方法
(1) 行进间向左、右侧前交替做蹬、跨、断、抢等动作。
(2) 从侧后方上前抢断同伴传球。

2. 练习要素的变化
(1) 活动方式的变化:开始练习时,无球模仿断球技术动作,了解断球时的身体姿势、站位、时机和抢断时的选位。
(2) 对抗程度和活动速度的变化:逐渐增强对抗的程度,加快跑动速度和传球速度,提高抢断球的难度。

(二) 抢球

(1) 进行两人一组的对攻练习。
(2) 了解侧面抢位和合理冲撞的基本方法,跑动中或跳起做徒手冲撞练习。
(3) 两人一组在行进间交替运球和抢球。

六、掷界外球技术的练习方法

（1）无球模仿原地掷界外球技术，主要是上、下肢的协调配合，熟练后进行有球掷界外球练习。

（2）先进行慢速行进间掷界外球技术练习，然后逐渐过渡到快速行进间掷界外球。

七、守门员技术的练习方法

（一）无球技术练习方法

（1）针对准备姿势、倒地动作、移动和选位进行重复练习。
（2）两人一组，面对面进行镜面练习，相互指导。
（3）练习倒地动作时应用海绵垫作为保护装置。

（二）接、扑接球技术动作的练习方法

（1）守门员采用各种姿势接地滚球、低平球和高球。
（2）守门员在前、后、左、右移动中做接球练习。
（3）守门员向左、右侧交替移动跳起接反弹球或高抛球。
（4）守门员出击，接底线 45°的传中球。
（5）守门员成半蹲姿势依次向两侧扑接同伴的抛球。
（6）守门员在球门前扑接同伴射向两侧门柱附近的球。

（三）发球技术的练习方法

（1）无球模仿体会低手掷地滚球和高手抛球技术动作。
（2）两人一组，进行低手掷地滚球和高手抛球练习。
（3）选择不同方向进行有目标的低手掷地滚球和高手抛球。
（4）模拟比赛场景，合理选择使用低手掷地滚球和高手抛球技术。

第三章 足球基本战术学与练

本章主要介绍足球进攻和防守基本战术的方法和要求,并按逐步进阶的方式列举较为典型的基础练习方法,以帮助学生认识和掌握足球基本战术,提高比赛能力。

足球战术是比赛中为了战胜对手,根据主客观实际情况所采用的个人和集体配合手段的综合表现。战术一词是借用军事的术语,在足球战术中,"战"可以理解为比赛,"术"可以理解为方法、方式、行动、动作。

技术、身体素质、心理和战术质量紧密相关。运动员的技术和身体素质是实现战术的基础,良好的心理品质是完成战术任务的保证。它们之间相互作用、相互补偿、相互制约,必须通过系统性的战术训练和技术、身体、心理训练有目的地培养战术意识,并让球员经历比赛的实践锤炼才能使它们彼此交融、日臻完善、不断提高。

足球比赛是由攻守矛盾组成的,攻守不断地转换组成了比赛的全过程,因此足球战术可分为进攻和防守两大系统。而其中又包含个人战术、局部战术、整体战术和定位球战术,如图3.1所示。

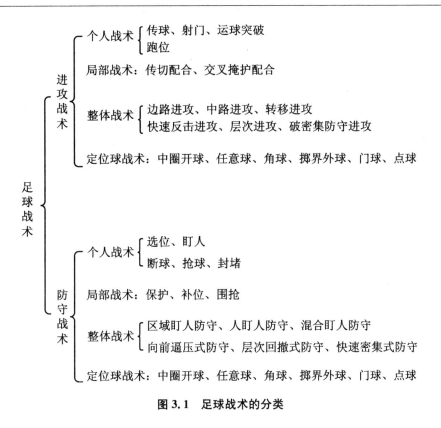

图 3.1 足球战术的分类

第一节 进攻战术

一、个人进攻战术

(一) 传球

传球是比赛中运用最多,也是最重要的技战术手段。传球技术水平的高低代表着一个运动员和一支球队整体比赛能力的高低,传球成功率往往决定着比赛的胜负。

传球在比赛中的表现形式多种多样。按传球距离可分为短传(15 m 以内)、中传(15～25 m)和长传(25 m 以上);按传球高度可分为地滚球、低球(膝部以下)、平直球(膝以上头以下)和高球(头部以上);按传球方向可分为直传球、斜传球、横传球和回传球;按球的旋转可分为上旋球、下旋球、侧旋球和混合旋球。为使传球达到预期效果,传球时需注意以下几点:

(1) 培养良好的传球意识。

(2) 隐蔽传球意图。

(3) 把握传球时机。

(4) 提高传球的准确性。

(二) 射门

射门是一切进攻战术配合的最终目的,只有射门才可能进球得分,才可能获取比赛的最终胜利。这是进攻战术中最重要、最困难、最振奋人心的环节。在现代足球比赛中,想要在对方严密防守和逼抢下有效完成射门,需具备以下几点:

(1) 强烈的射门进球意识和欲望。

(2) 准确、快速、有力的射门。

(3) 合理的射门时机、射门方法和射门角度。

(三) 运球突破

运球突破是撕开对手防线,形成局部以多打少的锐利武器。一般在下列情况下可采取运球突破。

(1) 控球队员在没有射门、传球可能或传球、射门角度不佳时,可通过运球突破创造传球或射门机会。

(2) 在攻守转换中,控球队员在进攻三区内,面对最后一名防守队员,且防守队员身后有较大空当时,应大胆运球突破其防守。

(3) 同伴处在越位位置而又没有其他更好的传球选择时,应果断运球突破,直接攻门。

在比赛中,运球突破只是过渡手段,最终应通过运球突破来推进进攻配合,直至射门得分。因此一旦突破对手,应及时射门或与同伴进行传球配合,不要随心所欲地控带球和突破过人,特别是在本方后场,切不可滥用,以免贻误进攻机会或被对方抢断造成被动局面。

(四) 跑位

跑位是指比赛中队员在无球情况下,通过有意识的跑动、为自己或同伴创造进攻机会的行动。跑位是整体进攻战术的基础,是拉开对方防线,赢得必要进攻时间和空间的重要手段。因此,在进行无球跑位时需要有明确的目的,其目的主要包括:摆脱、接应、拉开、切入、插上、运球过 6 区、套边、包抄、扯动、牵制等。

跑位需要具有高度整体配合意识和多名队员的协同行动,在协同跑位时要以球动而动,有拉有插,形成纵横交错、距离合理的攻击队形,同时还需要注意把握跑位的时机和行动的灵活多变。

二、局部进攻战术

比赛中,两三人在某一区域进行传球与跑位配合,称为局部战术配合。

(一) 两人进攻配合

两人进攻配合主要有传切配合和二过一配合。

1. 传切配合

传切配合是指当防守队员身后出现空当,同伴准备切入时,控球队员及时向同伴切入方向进行传球的配合。

2. 二过一配合

二过一配合是指两个进攻队员利用两次以上的传递行动,在局部区域,短时间内越过一个防守队员的配合。下面介绍几种常用的二过一配合形式。

(1) 斜直传二过一配合是指接应队员得球后,向同伴插入的空当方向及时斜传或直传的配合。同伴直插则斜传,斜插则直传。这种配合在边路进攻时运用较多。

(2) 踢墙式二过一配合是指接应的同伴在配合中起"一面墙"的作用,不做停球,将来球直接传给切入的同伴。这种配合在罚球区一带突破对方最后防线时运用较多。

(3) 反切二过一配合,即控球队员在对手紧逼下横向或向回运球,以拉开身后空当,传球给接应的同伴后,迅速反插对方身后接同伴传球的配合。通常对方紧逼程度越高,效果越好。

(4) 交叉掩护二过一配合,即控球队员在对方紧逼的情况下通过运球吸引防守队员并与接应队员交叉换位,通过掩护将球传给接应队员。

(二) 三打二配合

三打二较之二过一配合增加了一位配合者,机动性更强,进攻面更宽,传球路线更多,可将短传与中长传相配合,地面与空中传球相结合,对防守队员来说威胁也就更大。因此,三打二配合比二过一配合要求更高,其主要配合形式包括连续二过一配合、二过一结合传切配合、打第二空当配合。

三、整体进攻战术

整体进攻战术主要有边路进攻、中路进攻、转移进攻、快速反击及破密集防守等。

(一)边路进攻

在对方半场两侧地区发展的进攻称为边路进攻。边路的防守队员相对较少,空隙较大,围绕边锋组织边路进攻是普遍采用的方法,这要求边锋具有较强的个人突破能力、传中能力及快速奔跑能力。边路进攻的具体配合方法有:边锋的个人突破制造机会,中锋、前卫与边锋的配合突破,边后卫插上配合。

(二)中路进攻

从对方半场中间地带发展的进攻称为中路进攻。中路进攻主要通过中锋、前卫之间的两三人传切,二过一、三打二配合,结合个人运球突破。有时边锋也可以内切,甚至后卫也可以伺机插上,参与中路进攻。

(三)转移进攻

这是将边路进攻与中路进攻相结合的打法,体现了战术运用的灵活多变。其配合方法有边传中、中传边配合以及两翼大范围转移配合。转移配合可通过长传和快速短传实现。

(四)快速反击

快速反击是在对方立足未稳、阵形松动的情况下用最短时间、最快速度突破对方防线,造成以多打少的一种进攻方式。其主要进攻方式为用准确的中长传打对方身后,前锋快速插上,从而制造攻门机会。

(五)破密集防守

攻破密集防守,要有耐心,稳住阵脚,保持攻守层次,防止对方打快速反击。进攻时多转移迂回,以边路进攻为主,边中结合,多倒脚扯动,制造空当,抓住时机,突然突破,在罚球区前制造任意球或突入禁区制造点球机会;也可以利用外围传中,高大队员争顶,配合抢点射门或进行远射,队员跟进抢点补射。

四、定位球战术

定位球战术是指比赛开始或死球后恢复比赛时所采用的战术配合方法。定位球战术包括:中圈开球、任意球、角球、球门球、点球和掷界外球时的战术配合方法。

现代足球比赛中,定位球战术已成为射门得分的重要手段,特别是角球和罚球区附近的任意球,如果战术组织得当,极有可能破门得分。

第二节 进攻战术的基本练习方法

一、个人进攻战术的基本练习方法

(一)传球的基本练习方法范例

1. 横长传转移

目的:提高队员改变进攻方向的能力。

方法:4人一组。场地 40 m×15 m。两名队员①②在左右边线附近,两名队员③④分别在罚球区顶角附近。练习时,一边线队员①或②回传球给同侧罚球区内的同伴③或④,同伴接球转身,将球长传给另一侧边线队员。该边线队员直接回传球给同侧罚球区内的同伴,这名队员接球转身又将球长传转移到另一侧的边线队员。边线队员传球后与同侧罚球区的队员交换位置,不断轮换练习,如图 3.2 所示。

要求:长传时,球速要快,落点要准确。接球和长传的连接动作要快速。

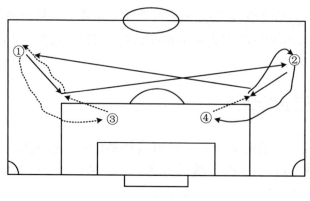

图 3.2 横长传转移

2. 横传倒脚

目的:提高队员快速倒脚,转移进攻方向的能力。

方法:将在 40 m×10 m 的场地划分为两个相等的比赛区和一个宽 10 m 的自由人接应区。在两个比赛区内进行攻守二对二比赛。先由一方控球,当一侧进攻传递 5 次后仍没有射门或突破的机会时,必须立刻将球通过自由人②传给另一侧的同伴。自由人只有 3 次触球机会(见图 3.3)。

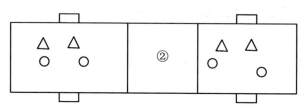

图 3.3 横传倒脚

要求:改变进攻场区的倒脚转移要快速。

3. 运球转移传球

目的:提高队员快速转移进攻方向的能力。

方法:分为两队,人数不限。在每个罚球区顶角之间画线相连形成一个四方形。每个队一分为二站在两个罚球区的对角上,每队一个球。练习时,两队的第一个队员快速沿罚球区直线的延长线运球到中线处,然后斜长传到对面另一罚球区对角处的同伴脚下,传球后快速跑动到传球落点处的同伴队尾。接传球的第一个同伴接控球后快速直线运球到中线,然后再斜长传回到仍位于罚球区对角处的第二个同伴脚下,如此不断交替,直到每个队员练习 10 次为止(见图 3.4)。

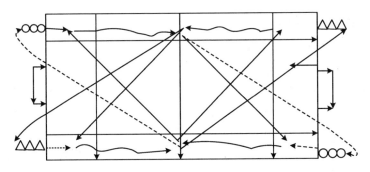

图 3.4　运球转移传球

要求:运球时要控制好球,传球要准确快速有力,跑动换位要快速。

4. 接球斜长传转移

目的:提高队员快速转移进攻方向的能力。

方法:8人一组,分别在半场的左右两侧形成三角形站位,①④在边线,②⑤在中圈附近的中线,③⑥在罚球区顶角的前方附近,每人之间的距离约为20 m。另有两名防守队员△在中圈附近负责防守。练习开始时,左侧边线队员④传球给左边中圈附近的队员⑤,⑤回传给同侧罚球区顶角附近的队员⑥,⑥接球后斜长传给另一侧的右边线队员①;右侧的3个队员重复左侧3个队员的练习过程(见图3.5)。

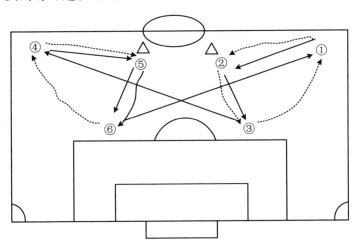

图 3.5　接球斜长传转移

要求:传球要准确,球速要快,接球与长传转移的连接动作要快,交换位置跑动要快。两个防守队员在中圈附近消极防守。练习一段时间后队员交换练习位置。

5. 快速通过无人区

目的:提高队员快速传球的能力。

方法:8 对 8。在三分之二场区,设两个标准球门,中间留一个宽 18 m 的无人隔离区。在场地两边路设 4 个相等的边锋活动区,中路队员不能进入此区防守。防守时,边路队员不能进入中路防守,中路队员也不能进入边路防守,任何人不得进入隔离区。练习时,双方争取射门得分,一方进攻失败后,由对方守门员发球给后卫,后卫控球后,要尽快将球传过无人隔离区,传到自己的队友脚下(见图 3.6)。

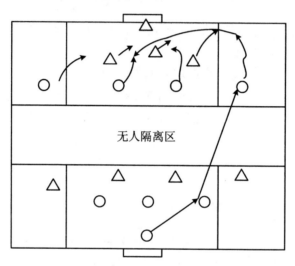

图 3.6　快速通过无人区

要求:双方全力攻守,后卫的组织传球要快速及时。

6. 全场四门比赛

目的:提高队员转移进攻方向,寻找有利进攻位置的能力。

方法:分为两队,每队 11 人。全场分 4 个区,每区在两条边线上各有一个标准球门。练习时,攻方○守 1 区门和 2 区门,守方△守 3 区门和 4 区门。每个队员只能在自己的区域内活动,只有中圈的一个队员可以自由活动。双方要争取更多地进球得分。得分多者为胜队(见图 3.7)。

要求:两队均一分为二,每半场有 5 名队员。每个区域内均为三打二或者是二防三。中圈自由人进攻时只能在圈内活动,防守时只能进入本方人数较少的区域内参与防守。

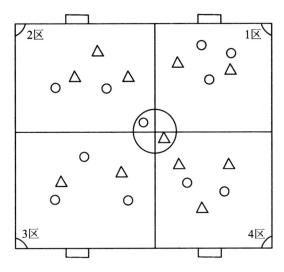

图 3.7　全场四门比赛

（二）射门的基本练习方法范例

1. 运球射门

目的：提高队员运球射门的能力和快速连接动作的能力。

方法：分为 3 个队，每队人数不限，分别站在罚球区前约 5 m 左中右 3 个不同角度的位置。一个守门员守门，每队队员按左路、中路、右路的顺序，依次运球到罚球区横线处射门。

要求：运球时要控制好球，调整好人与球的位置关系。起脚射门时要果断、准确、有力，射完后按顺时针方向转动，交换射门位置。

2. 接球转身射门

目的：提高队员接控球转身射门的能力。

方法：分为两队，每队人数不限。一队站在罚球区弧顶附近，另一队一分为二，控球站在左右 45°位置，距离位于罚球线弧顶的队员约 15 m 的位置。练习时，左侧第一个队员向位于罚球区弧顶的第一个队员传地滚球，该队员接球后向左转身并快速起脚射门，射门后捡球运回到右侧传球队员的队尾。然后右侧第一个队员向位于罚球区弧顶的第二个队员传地滚球，该队员接球向右转身并快速起脚射门，射门后捡球运回到左侧传球队员的队尾。传球队员传球后跑动交换到射门队员的队尾。不断交换练习。

要求：接球转身要快，动作要协调，转身后的起脚射门动作连接要快。射门要果断、准确、有力。左右脚均要练习。第二个接球队员要在第一个队员身后消极防守，第三个队员要在第二个队员身后消极防守，依此类推。

3. 插上射门（一）

目的：提高队员在快速跑动中射门的能力。

方法：共一队，人数不限。在中圈弧顶附近集中，射门队员①横传球给传球队员④后，快速向罚球弧顶插上，接④的传球，并尽快起脚射门。射门后捡球运回队尾。全队队员依次轮换交替射门（见图3.8）。

要求：插上跑动要快速，接控球与射门的连接动作要快。射门要果断、准确、有力。

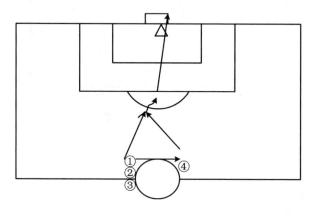

图 3.8　插上射门（一）

4. 插上射门（二）

目的：提高队员快速跑动中射门的能力。

方法：共一队，人数不限，④在中圈弧顶附近，其他队员排在左侧边路。射门队员①横长传球给传球队员④后，快速向罚球弧顶插上，接④的传球，并尽快起脚射门。射门后捡球运回队尾。全队队员依次轮换交替射门（见图3.9）。

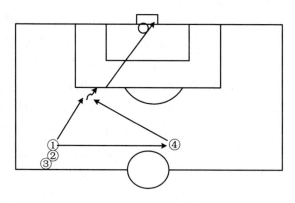

图 3.9　插上射门（二）

要求：插上跑动要快速，接控球与射门的连接动作要快。射门要果断、准确、有力。练习一段时间后改变练习方向，从另一侧位置推进。左右脚射门均要练习。传球队员传球落点要准确，速度要恰当，传球的弧度要不断变化。

5. 抢点射门

目的：提高队员快速抢点射门的能力。

方法：分为两队，人数不限，分别在罚球区两个底角附近向球门区前角处传地滚球，在球门区后角的队员快速横向跑动，直接射门。射门后与传球队员交换位置。传球队员完成传球后，交换到同侧球门区角射门队员的位置处。两队不断交换练习。守门员全力防守（见图 3.10）。

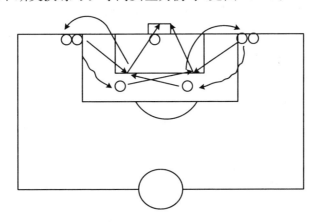

图 3.10　抢门射点

要求：在底角传球时控制好传出球的位置与力量大小。跑动射门的队员要快速跑动，尽快起脚射门。射门要快速、果断、出其不意。

（三）运球突破的基本练习方法范例

1. 运球过 6 区

目的：提高队员运球过人的能力。

方法：分为两队，每队 6 人。在 60 m×20 m 的场区内，将场地划分成大小相等的 6 个区域。一队负责进攻，每人一球，从场区一侧的第一个区域向另一侧的最后一个区域运球前进，设法运球突破到对方的最后一个区域。防守队员在各个区域进行防守。每轮结束后两队交换练习。每有一个人运球到最后的区域得 1 分，最后看哪一队得分多。每队进攻时长为 10 分钟（见图 3.11）。

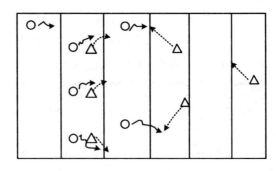

图 3.11 运球过 6 区

要求:防守队员的站位要有层次,各区都应设防守队员,要尽全力防守,但只可采用合理的抢、截球技术动作。运球突破队员要合理运用各种运、控球技术,越过每一个来抢球的防守队员。注意防止队员在对抗中受伤。

2. 听信号运球过半场

目的:提高队员运球过人的能力。

方法:分为两队,每队 6 人。在 40 m×20 m 的场区内,将场地划分成大小相等的两个区域,在两个相等区域中间留出一个 2 m 宽的无人区。在教练员发出指令前,攻守两方队员均不得进入此区域。练习时,进攻队每人一球,在场区的一侧区域自由运球。防守队员在另一侧区域观察注意进攻队员的活动。教练员发出的进攻指令后,进攻队员快速向对方半场运球,争取运球突破防守队员的防守,进入对方半场。防守队员听到教练员的指令后迅速迎上去进行抢截封堵,阻止进攻队员进入本方场地。

要求:进攻队员进入对方半场时,必须将球控制在自己的脚下,方才视为有效。防守队员将进攻队员逼回原来的区域即为成功。进攻队员一旦进入无人区就不能再退回本方半场。

3. 交替过人

目的:提高队员运球过人的能力。

方法:3 人一组。将 20 m×10 m 的场区分成相等的 3 个区域,中间留出一个 5 m 宽的防守区,一名防守队员△在此区域防守,另两名队员①②分别在左、右侧区域。练习时,队员①运球突破防守区内的队员,然后将球传给另一侧的队员②。接着①变为防守队员,在防守区内防守②,防守队员被突破后交换到运球队员①的区域负责接应。3 人不断交替运球突破和防守(见图 3.12)。

要求:运球队员一旦进入防守区域就不能退回自己的区域,否则即为失败。防守队员要全力防守,不能犯规,否则即为失败。运球队员突破后的传球要快速、有力、准确。练习时间为15分钟。

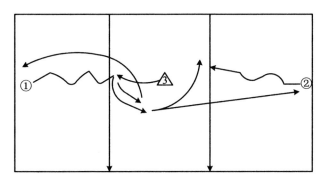

图 3.12　交替过人

4. 一过二

目的:提高队员运球过人的能力。

方法:6人一组。场地面积为20 m×10 m。4名队员持球分别连续运球突破前后站位的两个防守队员。未能突破的队员则变为防守队员。

要求:运球队员应当多利用假动作和方向变化运球突破第一个队员,而突破第二个队员时可以多利用速度的变化形成突破。防守队员要形成协同防守战线,全力防守。

5. 方向结合速度变化的运球突破

目的:提高队员利用自身的技术优势和身体素质优势运球突破防守队员。

方法:在40 m×20 m的场地内,将场地划分为8个大小相等的区域。3名防守队员△呈折线站位保护,每人防守平行的两块区域。练习时,进攻队员①设法运球越过所有的防守队员。一个队员运球突破后下一个运球队员②开始练习。运球突破失败,变为防守队员;抢球成功的防守队员变为运球突破队员(见图3.13)。

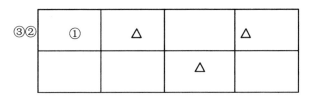

图 3.13　方向结合速度变化的运球突破

要求:运球突破时,在虚晃改变运球方向后加速要明显,在快速运球变向时不要降低速度,注意两者在运用时的不同情境。防守队员协防保护时不能进入他人的防守区域,不能犯规。

二、局部进攻配合战术的基本练习方法

(一) 二过一基本练习方法范例

1. 直传斜插二过一

目的:提高队员通过局部配合越过一个防守队员的能力。

方法:将 40 m×10 m 的场区纵向分为 4 个大小相等的区域,每个区域设 1 个防守队员△,2 个进攻队员○。从第一个区域开始,通过传球配合越过每区的防守队员(见图 3.14)。

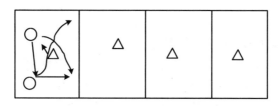

图 3.14 直传斜插二过一

要求:传切时机把握要准确,跑动节奏变化要明显,传球要及时准确,防守队员应逐渐加大防守力度。

2. 直传斜插二过一射门

目的:提高队员通过局部配合越过一个防守队员的能力。

方法:3 人一组,两攻一守。防守队员位于罚球区前约 10 m 的中路区域。两个队员通过二过一配合突破射门。练习一段时间后,一名进攻队员与防守队员交换位置(图 3.15)。

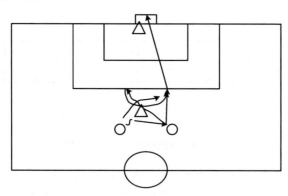

图 3.15 直传斜插二过一射门

要求:传切时机把握要准确,跑动节奏变化要明显,传球要及时准确。防守队员应逐渐加大防守力度。射门的队员要快速跑动,尽快起脚射门,射门要果断、出其不意、准确、有力。

3. 斜传直插二过一射门

目的:提高队员通过局部配合越过一个防守队员的能力。

方法:3人一组,两攻一守,设1名守门员。防守队员位于罚球区前约10 m的中路区域。两个队员通过二过一配合突破射门。练习一段时间后,一名进攻队员与防守队员交换位置(见图3.16)。

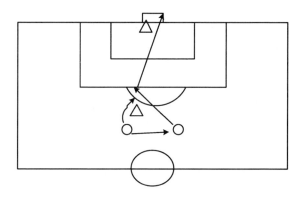

图3.16　斜传直插二过一射门

要求:传切时机把握要准确,跑动节奏变化要明显,传球要及时准确。防守队员应逐渐加大防守力度。射门的队员要快速跑动,尽快起脚射门,射门要果断、出其不意、准确、有力。

4. 踢墙式二过一射门

目的:提高队员通过局部配合越过防守队员的能力。

方法:3人一组,两攻一守,另有一个守门员。防守队员位于罚球区前约10 m的中路区域。两个队员通过二过一配合突破射门。练习一段时间后,一名进攻队员与防守队员交换位置(见图3.17)。

要求:传切时机把握要准确,跑动节奏变化要明显,传球要及时准确。防守队员应逐渐加大防守力度。射门的队员要快速跑动,尽快起脚射门,射门要果断、出其不意、准确、有力。

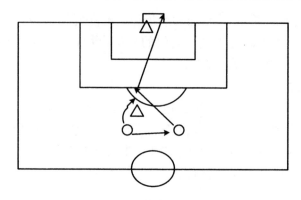

图 3.17　踢墙式二过一射门

5. 回传反切二过一射门

目的:提高队员通过局部配合越过一个防守队员的能力。

方法:3 人一组,两攻一守,另有一个守门员。防守队员位于罚球区前约 20 m 的中路区域。两个队员通过二过一配合突破射门。练习一段时间后,一名进攻队员与防守队员交换位置(见图 3.18)。

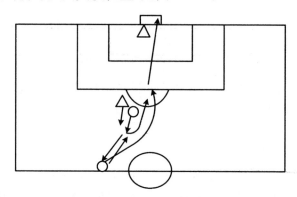

图 3.18　回传反切二过一射门

要求:直接回传,转身反切启动要快速,时机把握要准确,跑动节奏变化要明显。反切传球要及时,落点要准确,应当从远离队员一侧的方位传侧旋球较好。防守队员逐渐加大防守力度。射门的队员要在快速跑动中尽快起脚射门,射门要出其不意、准确、有力。

6. 交叉掩护二过一

目的:提高队员通过局部配合越过一个防守队员的能力。

方法:3 人一组,两攻一守,另设 1 个守门员。防守队员位于罚球区前约 20 m 的中路区域。练习时,防守队员盯防控球队员,控球队员①横向运球向另一个队员②处移动,②迎面横向跑动,在与控球队员①交叉换位时,将球从控球队员脚下接走,向防守队员移动的相反方向运球,摆脱防守队员,通过二过一配合突破射门。练习一段时间后,一名进攻队员与防守队员交换位置。

要求:运球队员①运球时要用远离防守队员一侧的脚运球,用身体掩护球,在与队员②交叉换位时,要用身体挡住防守队员的视线,使防守队员在瞬间失去对球的观察而产生盲目行动或者是站在原地犹豫不决。队员②向防守队员移动的相反方向接运球时要快,摆脱防守队员在加速运球直奔球门,快速完成射门。要在快速跑动尽快起脚射门,射门要突然、准确有力(见图 3.19)。

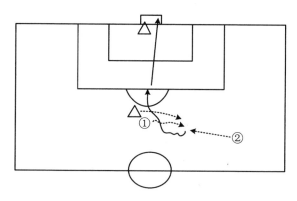

图 3.19 交叉掩护二过一

(二)局部多人进攻基本练习方法范例

1. 传切配合 1

目的:提高队员局部战术配合能力。

方法:中路罚球区前附近纵深约 20 m×20 m 处。5 人一组,3 攻 2 守,另有 1 个守门员。两个进攻队员①②平行站在罚球区罚球弧顶附近,两个防守队员△在其身后盯人防守。控球队员③在一侧约 20 m 的位置控球。练习时,两个进攻队员中靠近控球队员的队员②从罚球弧顶附近回撤,向控球队员要球,吸引跟在其身后的防守队员向前移动,以使其身后空当扩大。另一前锋队员①向异侧横向扯动,吸引盯人后卫向外侧移动。此时控球队员③突然传地滚球到异侧前锋①脚下,①直接将球斜传到回撤拉出的前锋队员②身后的空当处。在控球队员向异侧前锋传球的同时,回撤要球的队员迅速转身,反切插向盯自己的防守队员的身后空当,接从另一前锋队员传来的球形成突破后射门(见图 3.20)。

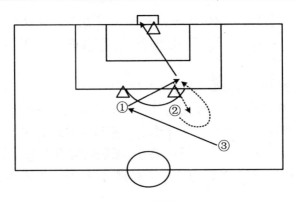

图 3.20 传切配合 1

要求:回撤要球的队员向回撤动时,不要离开罚球区过远,并吸引盯防自己的防守队员向前移动,离开防守要地。反插切入时速度要快,出其不意,时机把握要准确。向远端外侧扯动时,也要能够吸引防守队员离开防守要地,向边路移动。向罚球区内传球时要出其不意,落点准确,力量恰当。控球的队员第一传要快速准确地传到接球队员的脚下,要传地滚球。在传球前要控制好球,保证能够随时将球传出。切入队员射门球速要快,要有力,角度要准确,要出其不意。防守队员要全力防守切入的队员。练习一段时间后改变练习的方向,进攻队员与防守队员交换练习位置。

2. 传切配合 2

目的:提高队员局部战术配合能力。

方法:半场,区域为中路至一侧边路。3 名进攻队员、2 名防守队员,另设 1 个守门员守门。一个进攻队员①站在同侧罚球区罚球弧顶附近,队员②在边路,队员③在中线的边线附近③。两个防守队员△,一个在罚球弧顶附近前锋身后盯人防守,一个在边路盯防边锋。队员③控球距离边锋约 15 m。练习时,罚球弧顶附近的前锋①从罚球弧顶附近向边前卫③斜线回撤,接应要球,吸引防守他的中卫一起移动,离开罚球区的中路防守要地。边前卫③将球直传给接应要球的前锋①,前锋①直接将球斜传到对方后卫身后空当,同时队员②快速向边后卫身后的空当切入,接前锋①的传球后快速传中到远侧的中路罚球点附近。边前卫③和前锋①传球后快速向罚球区插上,接由边路队员的传中球射门(见图 3.21)。

要求:前锋的传球要直传,传球要准确有力。边前卫传球后要快速插上,边锋跑动的时机要恰当、速度要快,接球后要尽快完成传中。传中球落点要准确,球速要快,弧度要平。射门队员起脚射门要果断、突然、准确、有力。防守队员逐渐加大防守力度。练习一段时间后改变练习的位置,从另一侧进行,进攻队员与防守队员交换练习位置。

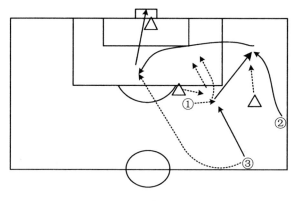

图 3.21 传切配合 2

三、整体进攻战术基本练习方法

(一) 边路进攻战术的基本练习方法范例

1. 练习方法范例 1

目的:提高队员局部战术配合能力。

方法:全场,宽度为中路至一侧边路。5名进攻队员(包括守门员),3名防守队员及1名守门员。进攻队员①站在同侧罚球区罚球弧顶附近,队员②在边路,前卫③在中线的中圈附近,另有边后卫④在中线后的边线附近。3个防守队员一个在罚球弧顶附近前锋队员身后盯人防守,一个在边路盯防边锋,一个盯中圈附近的前卫。练习时,攻方守门员⑤发球给在本方半场的边后卫④,边后卫控球后将球传给边锋②,边锋②回传给中圈附近的前卫,前卫③传球到对方边后卫身后的边路空当。此时,罚球弧顶附近的前锋①斜线插向对方边卫身后的空当,接本方前卫③的传球,接球后转身,将球回传给从边线迎上来接球的边后卫④,边后卫④直接将球传到中路罚球区附近。由前卫③和边锋②包抄射门(见图 3.22)。

要求:传球要快速准确有力,时机恰当。跑位要有先有后,包抄要有前后层次。传中球落点要准确,球速要快,弧度要平。防守队员逐渐加大防守力度。练习一段时间后改变练习的位置,从另一侧进行,进攻队员按顺时针方向转动交换练习位置(守门员除外)。防守队员也可以交换练习位置。

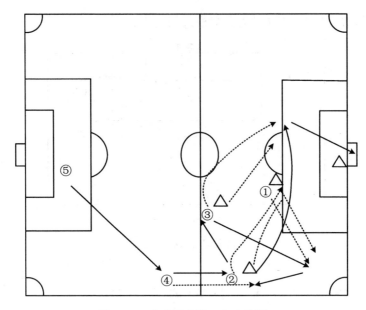

图 3.22　边路进攻练习方法范例 1

2. 练习方法范例 2

目的：提高队员局部战术配合能力。

方法：全场，宽度为中路至一侧边路。5 名进攻队员（包括守门员），3 名防守队员，另有 1 名守门员守门。前锋①站在中线前约 15 m 距离边线队员约 20 m 的位置，边锋②在中线与边线交叉的边路附近，前卫③在中圈中线附近，另有边前卫④在中线后，与边锋②和在中圈的前卫③基本保持呈等腰三角形的站位。3 个防守队员△各自盯防在本方半场的 3 个进攻队员。练习时，攻方守门⑤发球给在本方半场的边前卫④，边前卫④控球后将球传给中圈附近的中前卫③，中前卫③又将球传给前锋①，前锋①又回传给从中线后迎上来接应的边前卫④，边前卫④直接传球到防守边后卫身后的边路空当。在前锋①回传给边前卫④的同时，边锋②突然快速启动超过防守边后卫向底线切入接球，快速运球到底线传中。前锋①、中前卫③传球后，转身快速插向罚球区中路包抄边路传中球射门（见图 3.23）。

要求：传球要快速准确，时机恰当。边锋插上跑动时机要恰到好处。包抄要有前后层次。传中球落点要准确，球迷要快，弧度要平。防守队员逐渐加大防守力度。练习一段时间后改变练习的位置，从另一侧进行，进攻队员按顺时针方向转动交换练习位置。防守队员也可以交换练习位置。

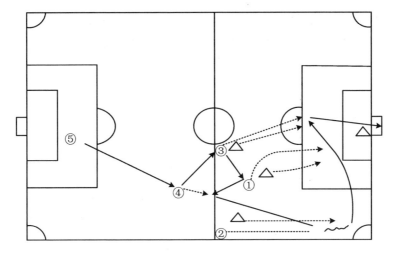

图 3.23　边路进攻练习方法范例 2

3. 练习方法范例 3

目的：提高队员局部战术配合能力。

方法：全场，宽度为中路至一侧边路。5 名进攻队员（包括守门员），3 名防守队员，另有 1 名守门员守门。前锋①站在中线前约 15 m、距离边线队员约 20 m 的位置，边锋②站在中线与边线交叉的边路附近，前卫③站在中圈中线附近，另有前卫④站在中线后，与边锋和在中圈的前卫基本保持呈等腰三角形的站位。3 个防守队员各自盯防在本方半场的 3 个进攻队员。练习时，攻方守门员⑤发球给在本方半场的边前卫④，边前卫④控球后将球传给接应的前锋①，前锋①回传给中前卫③，前锋①传球后向罚球区远端扯动跑位。在前锋①向罚球区远端扯动跑位后，边锋②向内线扯动跑位到原前锋①开始的位置接应要球。与此同时，边前卫④套边跑从边锋身后沿边线向底线插上，接中前卫③传到防守边后卫身后的边路空当的来球，快速运球到底线传中。前锋①向罚球区远端包抄到罚球弧顶附近，中前卫③传球后快速插向罚球区远侧端中路准备包抄边路传中球射门，在到罚球弧顶附近时，改变跑动路线去包抄中路罚球点附近区域的传中球。边锋②在跑动到原前锋①初始位置接应后，又快速直线插向罚球区内包抄前门柱区域的传中球（见图3.24）。

要求：转边的传球要快速准确，时机恰当。边前卫套边插上跑动时机要恰到好处。包抄队员在罚球弧顶变化方向时要快速突然，要有先后层次。传中球落点要准确，球速要快，弧度要平。防守队员逐渐加大防守力度。练习一段时间后改变练习的位置，从另一侧进行，进攻队员按顺时针方向转动交换练习位置(守门员除外)。防守队员也可以交换练习位置。

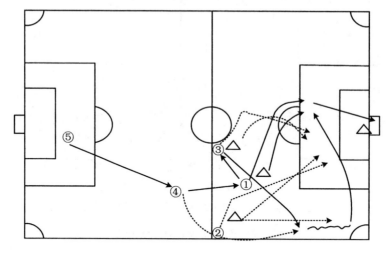

图 3.24　边路进攻练习方法范例 3

(二) 中路进攻战术的基本练习方法范例

1. 练习方法范例 1

目的:提高队员局部战术配合的能力。

方法:全场。6 名进攻队员(包括守门员)。后腰⑤在本方半场中圈弧附近,两名边前卫③④在中圈弧两侧约 10 m 的中线位置附近,两名前锋①②在对方罚球区附近。4 名防守队员,两名后卫盯住两名前锋,两名防守前卫在后卫前形成屏障防守攻方的两名前卫。另有一名守门员。练习时,攻方守门员⑥发球给本方后腰⑤,后腰⑤接控球转身传给右边前卫④,右边前卫传给右前锋②。在右边前卫④传给右前锋②时,左前锋①向右前锋②身后的空当斜线扯动接应。与此同时,左边前卫③快速从中线附近插到罚球区接右前锋②传球,射门(见图 3.25)。

要求:右前锋选择的选择的传球时机要恰当,传球要快速突然准确,力量适当。左前锋扯动接应距离要大一些,跑动要快速。射门要果断,快速突然,准确有力。第二次练习改变方向由左前锋传球,右边前卫插上。防守队员逐渐加大防守力度。

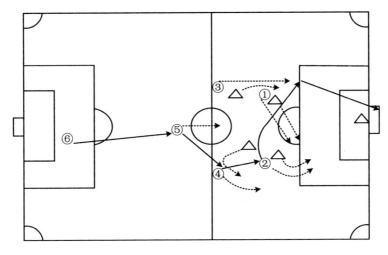

图 3.25 中路进攻练习范例 1

2. 练习方法范例 2

目的：提高队员局部战术配合的能力。

方法：全场。6 名进攻队员（包括守门员）。后腰⑤在本方半场中圈弧附近，两名边前卫③④在中圈弧两侧约 10 m 的中线位置附近，两名前锋队员①②在对方罚球区附近。4 名防守队员，两名后卫盯住两名前锋，两名防守前卫在后卫前形成屏障防守攻方两名前卫。另有一名守门员。练习时，攻方守门员⑥发球给本方后腰⑤，后腰⑤接控球转身传给回撤接应要球的左前锋①，在左前锋①控球时，右前锋②转身向罚球区右侧顶角附近插上。与此同时，右前卫④向右拉开接应要球，左前锋①立刻横传给拉开接应的右边前卫④。在右前卫④拉开接应要球时，左前卫③快速从左侧插上。此时，右前卫④将球传给插上的左前卫③，左前卫③接球自己射门或横传中路门前给右前锋②射门（见图 3.26）。

要求：右前锋回扯接应要球要突然，接球后给右前卫传球要突然准确，时机要恰当，力量适当。左前卫插上要快速，接球后尽快完成射门或者传中。右前卫给左前卫传球要快速准确，时机恰当。其他队员传球后的跑动接应要快速。射门要果断，快速突然，准确有力。

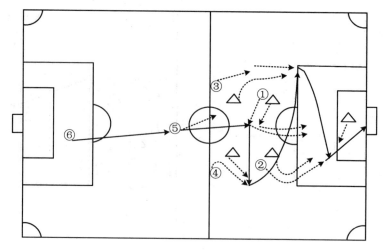

图 3.26 中路进攻练习范例 2

(三) 转移进攻战术的基本练习方法范例

1. 四球门比赛

目的:提高队员快速转移进攻方向的战术配合能力。

方法:宽度为整个半场,纵深为 30 m 的场区范围,在两条宽度线上各设两个门。两队每队 6 人,分别各守两个球门。在场地中间纵向划出一个宽 20 m 的无人区,所有队员均不能进入此区域。练习时,一队进攻对方的球门,传递 5 次未能获得射门机会的,就必须将球转移传到另一个区域内的同伴,由另一侧同伴继续进攻(见图 3.27)。

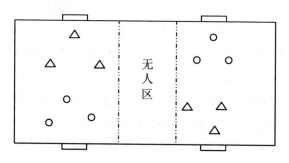

图 3.27 四球门比赛

要求:转移传球要快速,球要从空中直接越过无人区。在另一侧接应的同伴可在本方球门附近接应,也可在对方门前接应。练习时间为 30 分钟。

2. 中路转移

目的:提高队员快速转移进攻方向的战术配合能力。

方法：全场范围内。分为两队，每队两名后卫、一名后腰、两名前卫、两名前锋、两名边锋。另有一个守门员。在场地在边线处划出一个约 8 m 宽的边锋活动区。边锋只能在此区域活动。在边锋活动区外的区域为隔离区，任何队员均不能进入此区域。在中场以中圈直径为限划出一个与罚球区宽度相同的前卫活动区，前卫只能在此区域活动，此区域内另有一个控球方的自由人②。自由人也只能在前卫活动区内活动。在前卫活动区后是后卫活动区，后腰和后卫只能在本方前卫活动区后的后卫活动区内活动。练习时，由守门员开球，将球通过后卫传给前卫，前卫向两侧边锋转移传球。边锋得球后快速下底传中，中路进行包抄射。左边锋下底时右边锋要进入罚球区进行包抄射（见图 3.28）。

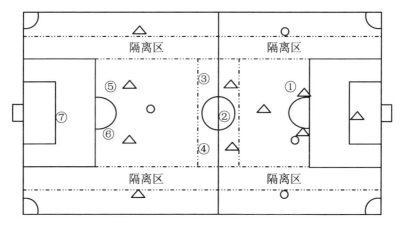

图 3.28　中路转移

要求：本方前卫摆脱对方前卫时要争取多向异侧边锋队员转移。转移要快速准确有力。中路包抄射门时防守要全力进行。

3. 边路转移

目的：提高队员快速转移进攻方向的战术配合能力。

方法：全场范围内。分为两队，每队 10 人。将场地在罚球区的横线延长到中线，罚球区外的边路地区划为转移传接球区。对方半场的对角相同位置的区域为本队的转移接球区，在此区内有一个同伴队员。在两个后卫前有一个自由的后腰，后腰在防守时主要去防守对方传向转移接球区的传球。进攻时则在后场接应倒脚，设法在转移传接球区内接到球。在转移传接球区的队员消极防守，中路队员不进入转移传接球区防守。攻方队员在本方转移传接球区接控球后要尽快将球传到对方半场的对角接球区内。在对方半场转移传接球区的接球队员接球后快速下底传中。中路队员进行全力攻防练习(见图 3.29)。

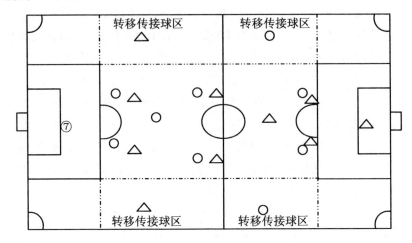

图 3.29 边路转移

要求:攻方在将球传到转移传球区之前,至少要在本方半场中路区域传递两次,传球要快速准确有力。中路包抄射门与防守要全力进行。

四、定位球进攻战术基本练习方法

(一)任意球进攻战术

1. 直接射门

距对方球门 25 m 以内罚任意球应采用直接射门的战术配合。

目的:提高队员射门能力和意识。

方法:在罚球区附近,不同角度罚直接任意球射门。

要求:要踢出弧线球射门,并要根据对方守门员的站位情况确定射门的角度。

2. 战术配合射门

不能或不适合直接射门时,均可配合射门。

目的:提高队员创造更好的射门机会的能力和使对方守门员猝不及防的战术配合能力。

方法:遮挡守门员的视线。在对方防守人墙前 2～3 m 处,本方 2 名队员站在守门员一侧以遮挡对方守门员的视线,使之对主罚队员罚出的球做出误断或反应迟缓。在罚球位置上,有技术强脚为左脚和右脚队员各一人(见图 3.30)。

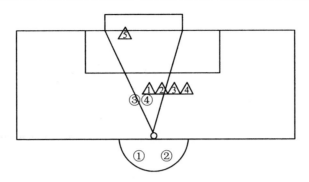

图 3.30 战术配合射门

要求：两名本方站人墙的队员要双腿并拢、身体靠紧，尽力用身体遮挡住守门员的视线，尽可能地延长站墙的时间，应当在球被罚出后再散开。当要散开时，外侧队员向右转身，内侧队员向左转身并且同时向球门移动，准备补射。

（二）角球战术进攻战术

1. 短传配合的角球战术

一般在对方身材高大，争顶能力强，或遇较大的逆风时采用。其优点是发球快，利用守方要距球 9～15 m 的规定，在角球区附近形成以多攻少的局面，为创造射门机会或直接射门打下基础。

2. 长传配合的角球战术

（1）传前球门区：将球传至近侧球门区附近，由前锋冲顶或头球摆渡，其他队员抢第二点射门。

（2）传后球门区：将球传至远侧球门区附近，由前锋直接抢点射门或向中路头球摆渡，其他队员射门。

（3）传前门柱：将球传至前门柱附近，由抢点的队员用头向后蹭传或抢射。

要求：长传配合的角球应具有快速准确、弧度较平、旋转强烈的特点。包抄射门任务应主次分明，次要队员应负责扯动，干扰，创造空当与时机。主要队员则应按预定的位置与计划及时、果断的抢点射门。

第三节 防守战术

一、个人防守战术

个人防守战术是指为了控制对手所采用的个人战术行动。个人战术行动体现着整体战术的特征,个人战术行动是整体战术的基础,它包括选位与盯人、抢断球等。

(一)选位与盯人

选位是指防守队员根据位置职责和临场情况,选择占据合理防守位置的行动。盯人是指在正确选位的基础上,对防守的对手实施监控或严密控制其进攻行动。

选位与盯人的要素:

(1)及时:选位要先于进攻队员。

(2)位置:选位的基本原则是进攻队员、防守队员和本方球门中心三点成一线,并保持适当距离。

(3)兼顾:选位以盯人为主,同时兼顾球和空间情况的变化。

(4)队形:选位要组成纵横交错的三角或菱形网络队形。

(5)灵活:以多防少或以少防多时,要根据具体情况和任务目的灵活选位。

(6)盯人:在正确选位的基础上,根据不同的场区和任务实施紧逼或松动盯人。

(二)抢断球

抢断球是指将对方控运的球或传球截下来、抢过来或破坏掉的战术行动。抢断球是重要的个人战术,是个人防守能力的重要体现和发动快速反击的有效战术行动。

抢断球的要素:

(1)正确的判断和站位:抢断球要预判持球队员与接应队员的意图,选择有利的位置。

(2)合理的距离:通过移动,与持球对手保持最适宜的距离。

（3）准确的时机：抓住对手接控球未稳或控、运球两个触球动作之间的时机，将球抢下来或破坏掉。

二、局部防守战术

局部防守战术是指两个或两个以上防守队员之间的配合方法，它是集体防守战术的基础。局部防守战术的基本配合形式有保护、补位和围抢。

（一）保护

保护是指给逼抢持球队员的同伴心理和行动上的支持，使其无后顾之忧，全力以赴紧逼对手。进行保护时，应注意：

（1）保护队员与逼抢队员的距离是动态变化的，根据不同场区应有所不同：后场 3～5 m，中前场 4～8 m。根据持球队员的不同特点也应有所变化，对技术型队员距离应近些，对速度型队员距离应稍远些。

（2）保护队员选位要根据临场具体情况随时调整角度。如果同伴堵内放外，保护队员选位角度应偏向外线；如果同伴堵外放内，保护队员选位角度应偏向内侧，配合同伴形成夹击之势。

（3）保护队员选位时还应考虑双方人数的对比。二防一时，全力保护、夹击；二防二时，既要保护同伴防突破，又要兼顾自己应盯防的对方接应队员；二防三时，主要负责延缓对方的进攻速度，为其他队员争取回防的时间。

（4）保护队员还要通过语言指挥同伴抢截和选位，同时让同伴知道自己的保护位置，使防守配合更加协调、有效。

（二）补位

补位是指防守队员为弥补同伴在防守中出现的漏洞而采取的相互协助的战术配合。在比赛中，通过同伴间的相互补位，可以有效地遏制和破坏对方的进攻行动，变被动为主动。

补位注意事项：

（1）防守队员能追上自己的对手时，一般不要交换防守和进行补位。

（2）需要补位时，最好是邻近位置的两名队员之间进行相互补位，尽量避免牵动更多的防守队员交换位置，以免打乱防守队形。

（3）要保证罚球区及附近的危险区域不出现空当。

（三）围抢

围抢是指两个以上的防守队员从多方位夹击对方的控球队员,把球抢夺回来或破坏掉的战术配合。

围抢的要求:

(1) 在围抢的局部地点,守方人数占有优势,而且距离较近,思路统一。

(2) 被围抢的队员尚未控制好球时,其附近又没有接应队员或传球路线时应及时围抢。

(3) 在边、角场区,对方观察角度较差或在守方门前接球、运球、射门时,应坚决展开围抢封堵。

三、整体防守战术

整体防守战术是指全队所采取的防守配合,一般包括人盯人防守、区域盯人防守和混合盯人防守。

（一）人盯人防守

人盯人防守是一种除自由人以外,其他队员都有固定盯人对象的防守形式。在全场攻守的每一个时间和空间,两两对垒的情况下总是使每一个进攻队员处于压力下,这需要每个队员具有较强的个人能力和较好体能。

（二）区域盯人防守

区域盯人的基本概念是指每一防守队员都有一定的防守区域,进攻方一旦进入该区域时,防守队员即对其进行严密盯防,限制其在该区域的一切进攻行动。

虽然区域盯人防守规定了每名防守者的防守区域,但防守队员之间必须有协防的意识。当某一区域防守失败时,邻近区域的防守者必须及时补位,被突破者则应与他及时换位,以求得整体防守的平衡。

另外,值得注意的是区域与区域之间结合部的防守,这一区域往往由于防守者职责不清或防守不够默契,容易造成混乱,给进攻者造成突破机会。

（三）混合盯人防守

混合盯人防守是人盯人与区域盯人互相结合的一种防守形式。基本概念是根据对手情况,在某些区域实行人盯人,在某些区域实行区域盯人,充分发挥这两种形式的优点,提高整体防守的综合效率。

混合盯人防守的方式是非常灵活的,这主要取决于对方队员的特点以及本方整体防守的设计方案。在采用此种防守形式时必须注意:

(1) 重点盯防对方进攻的组织者和主要得分手,最大限度地限制他们的进攻行动,削弱对方的攻击能力。

(2) 要明确在哪些区域实行盯人防守、哪些区域实行混合防守,应对对方哪些队员实行盯人防守、哪些实行区域防守,即对防守对象有明确的分工。

第四节 防守战术的基本练习方法

一、个人防守战术基本练习方法

(一) 选位基本练习方法范例

1. 防止对手控球转身的选位

目的:提高队员正确选位和对背身控球队员的逼抢能力。

方法:4人一组。将30 m长、10 m宽的场地分为3个大小相等的区域,在场地两端各有一个传球队员。中间区域内一人接球并设法转身将球传到对面,一人防守。防守队员努力防守,不让接球队员转身。然后两人交换练习角色,防守队员接球转身,接球队员防守(见图3.31)。

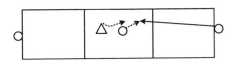

图3.31 防止对手控球转身的选位

要求:防守队员应当在传球队员传出球时采取防守行动;当球到达接球者脚下时,防守队员应当保持身体平衡并处于恰当位置;防守队员应当注意看球,并对球的移动做出反应,防守队员应当耐心并在对手企图转身时抢夺球;注意观察抢球的时机。练习一段时间后中间两人与两端传球队员交换练习角色。

2. 一对一防守三角球门

目的:提高队员正确选择防守位置,封堵射门或进攻角度和路线的能力。

方法：分为两队，每队3人。一队进攻，一队防守。将30 m长、10 m宽的场地分为3个大小相等的区域，每个场地内用标志物设置一个三角形的球门，每个区域内的队员都是一对一。每个控球队员设法将球射入自己所在区域的三角形球门的任何一侧球门，或者是传给另外两个区域的同伴。防守队员要防止控球队员射门得分(见图3.32)。

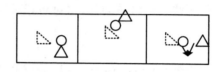

图3.32　一对一防守三角球门

要求：其他区域的防守队员应当在控球队员传出球时，采取防守行动，逼防本区域的接球进攻队员；当球到达接球队员脚下时，防守队员应当保持身体平衡并处于恰当位置；防守队员应当注意看球，并对球的移动做出反应，防守队员应当保持耐心并在对手企图转身时抢球；注意观察抢球的时机。抢球成功的队员变为进攻方，但必须将球传出本方区域给自己的同伴，待再次接得队友的传球后方可进攻射门。

3. 一对一防守底线的选位

目的：提高队员正确选择防守位置，封堵进攻路线的能力。

方法：两人一组。控球队员运球，攻击对方的底线。场地面积为15 m×8 m。控球队员设法运球越过防守队员，越过对方的底线则得1分，防守队员则全力防守，不让进攻队员运球越过底线。进攻队员运球越过对方底线后得分，并可继续控球进攻，但要向相反方向运球进攻。抢球队员抢球成功，则成为进攻队员。

要求：防守队员应当保持身体平衡并处于恰当位置，注意看球，并对球的移动做出反应，应当保持耐心并注意观察抢球的时机。

4. 一对二防守传身后球的选位

目的：提高队员正确选择防守位置，封堵进攻路线的能力。

方法：场地面积为15 m×8 m。4人一组，3个进攻队员(一个为固定传球队员，两个为传球进攻队员)，一个防守队员。进攻队员要设法传球越过防守队员的底线，防守队员则要全力防守，不让进攻队员传球越过底线。

要求：防守队员应当保持身体平衡并处于恰当位置，注意看球，并对球的移动做出反应，应当保持耐心并注意观察封堵或抢断传球的路线和时机。

5. 封堵向前传球路线的选位

目的：提高队员正确选择防守位置，封堵进攻路线的能力。

方法:场地面积为 20 m×15 m。4 人一组,3 个进攻队员(一个为固定传球队员,两个为接应进攻队员,在防守队员身后约 15~16 m 的两侧),一个防守队员。传球队员原地传球到防守队员身后的接球队员脚下,防守队员则全力防守不让进攻队员传球越过自己。练习时,一侧接球队员回传给传球队员,传球队员接控球。此时,防守队员快速上前移动到能够防守传球队员向前传球的位置,但不抢球(见图 3.33)。

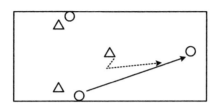

图 3.33　封堵向前传球路线的选位

要求:防守队员应当保持身体平衡,快速移动到控球队员正面距离球 2 m 左右的恰当位置,以封堵传球队员向前和斜前方传球的路线。注意每次到位后检查能否封堵住传球队员向前传球的路线。练习一段时间后防守队员与其他队员交换练习角色,直到每个队员都练习过防守队员的角色为止。

6. 限制进攻方向的选位

目的:提高队员正确选位防守位置,封堵限制进攻路线的能力。

方法:场地面积为 20 m×15 m。三防三,3 个进攻队员(一个为固定传球队员,两个为接应进攻队员,在两侧),3 个防守队员。传球队员要将球传到接球队员脚下。3 个防守队员则全力防守不让进攻队员传球越过自己。练习时,一侧接球队员回传给传球队员,传球队员接控球。此时,一个防守队员快速上前移动到能够防守封堵住一侧传球路线的位置,迫使传球队员只能向另一侧传球或运球。上前的防守队员迫使控球队员将球传出。

要求:3 名防守队员应当保持在恰当的位置,上前封堵传球队员的防守队员应快速处于一侧传球路线上,以封堵传球队员传球的路线。注意在每次到位后检查能否封堵住传球队员向前传的路线。不断重复。练习一段时间后防守队员与进攻队员交换练习角色,直到每个队员都练习过各种防守队员的角色为止。

7. 迫使进攻沿边线活动

目的:提高队员正确选择防守位置,封堵限制进攻路线的能力。

方法:场地面积为 15 m×10 m。3 人一组。进攻队员设法运球越过防守队员,将球射入底线处 2 m 宽的球门得分。开始练习时,控球队员①传球给接球队员②。此时防守队员△则全力防守,迫使进攻队员②向边线或内线方向运球。进攻队员②则要努力运球或越过球门得分。练习一段时间后,三人交换练习角色(见图 3.34)。

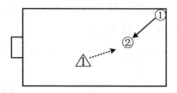

图 3.34　迫使进攻沿边线活动

要求:防守队员应当保持身体平衡并处于恰当位置,侧对进攻队员,重点防守进攻队员向内侧运球的路线,有意适当将边路放开以迫使进攻队员就范。要注意看球,并对球的移动做出反应,应当保持耐心并注意观察抢球的时机。三个人都要进行防守练习。

(二)盯人基本练习方法范例

1. 盯人练习 1

目的:提高队员盯人防守的能力。

方法:4 人一组(一名防守队员、一名进攻队员①、一名传球队员②和一名接球队员③)。在面积为 30 m×15 m 的场区内。防守队员紧逼进攻队员①②,迫使其退出练习区域,使其不能把球传给接球队员③。防守队员站在一侧,只有球传进其所在区域时,才能移动防守。如果进攻队员传球失误或跑出练习区域,则视为防守成功。练习一段时间后交换练习角色,直到每个队员都练习过全部角色为止(见图 3.35)。

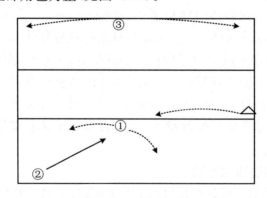

图 3.35　盯人练习 1

要求:防守队员要盯住进攻队员,不让其转身或轻易向前传球。

2. 盯人练习 2

目的:提高队员正确选择防守位置、封堵限制进攻路线的能力。

方法:4人一组(一名进攻队员②、一名传球队员①、一名接球队员③、一名防守队员△)。练习时,防守队员△封堵住进攻队员②的跑动路线,限制他们传球。接球队员③在规定的区域内做大范围移动,防守队员△紧盯进攻队员②沿边线的移动,迫使进攻队员②远离接球队员③(见图3.36)。

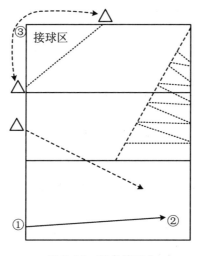

图 3.36 盯人练习 2

要求:防守队员在传球队员①给进攻队员②传球时,才能快速跑位封堵进攻队员②的跑动路线。重点要封堵进攻队员向接球队员跑动运球的路线。

3. 盯人练习 3

目的:提高队员正确选择防守位置,封堵限制进攻路线的能力。

方法:两人一组。将面积为 30 m×15 m 的场地划为 6 个大小相等的场区。在场区的一端设置一个 2 m 宽的球门,一名进攻队员①在场地另一端控球,一名防守队员在与进攻队员相邻的场区外侧。练习开始时,进攻队员①向前运球,而防守队员快速沿一定角度回撤并先于进攻队员进入射门区域(阴影部分),要尽量向内侧挤压进攻队员,减小其射门角度(见图3.37)。

要求:防守队员回位时要沿最短路线全速跑动。防守队员要封堵住进攻队员的进攻路线,迫使进攻队员远离不能接近阴影区域射门。

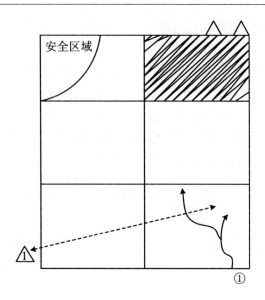

图 3.37　盯人练习 3

4. 盯人练习 4

目的:提高队员正确选择防守位置,封堵限制进攻路线的能力。

方法:4 人一组。将面积为 30 m×15 m 的场地划为 3 个大小相等的场区。在场区的一端设置一个 2 m 宽的球门,3 名进攻队员在场地另一端控球,一名防守队员△在进攻队员正面进行防守。练习开始时,进攻队员向前运球,而防守队员要迫使进攻队员向阴影部分移动,减少进攻队员对本方球门的威胁。要尽量向外侧挤压进攻队员,减小其射门角度。当一名进攻队员被挤压出界后,另一名进攻队员开始练习,防守队员则重复上述练习(见图 3.38)。

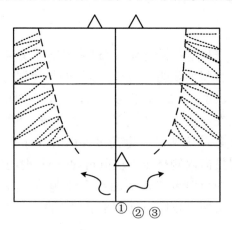

图 3.38　盯人练习 4

要求:防守队员要封堵住进攻队员的进攻路线,迫使进攻队员远离正面射门区域。

(三) 抢断球基本练习方法范例

1. 一抢三

目的:提高队员防守抢截的能力。

方法:四人一组,其中三人站成三角形,彼此间距离为7~8 m。一人在中间防守抢球。外围三名队员负责传球。

要求:传球队员的触球次数应不超过三次,并要逐渐减少。防守队员触到球即为防守成功。

2. 二抢四

目的:提高队员防守抢截的能力。

方法:六人一组,站成10 m×10 m的正方形,两人在中间防守抢球,外围四名队员负责传球。

要求:传球队员触球次数应逐渐减少。防守队员触到球即为防守成功,防守队员要协同防守。

3. 三抢五

目的:提高队员防守抢截的能力和协同防守的能力。

方法:场地大小为20 m×25 m。八人一组,站成四方形。三人在中间防守抢球,四名队员在外围传球,一名队员在场内传接球。

要求:传球队员触球次数应逐渐减少。防守队员触到球即为防守成功,防守队员要协同防守。

4. 二抢四到四抢六

目的:提高队员防守抢截的能力和小范围处理球的能力。

方法:场地面积为25 m×25 m,在里面再设一个10 m×10 m的正方形。共10名,分红蓝两队,红队四人,蓝队六人。10 m×10 m的正方形场地内设蓝队二人,红队四人,形成二抢四的局面,在25 m×25 m的正方形四边各站一名蓝队队员,可沿边线移动,但不可进入场地内。在10 m×10 m场地蓝队断球后将球传给外场地同伴,蓝队两人在场地内接应,形成红队四抢六的局面。如果红队断球成功,则再次在10 m×10 m场地内形成二抢四的局面,如此循环(见图3.39)。

要求:传球队员触球次数应逐渐减少。防守队员断下球即为防守成功。防守队员要协同防守。

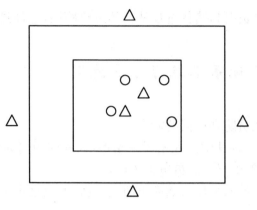

图 3.39　二抢四到四抢六

二、局部防守战术基本练习方法

（一）保护基本练习方法范例

1. 中卫保护边卫

目的：提高队员协同防守的能力。

方法：六人一组（两个进攻队员、一个传球队员、两个边卫防守队员、一个中卫）。在 20 m×10 m 范围内。练习时，传球队员①将球传给一侧边路的进攻队员，边锋运球向前。边卫上前逼抢封堵，中卫则移动到边卫的身后斜侧方，形成防守保护。边锋遇阻后回传给传球队员①，传球队员①又向另一侧边锋传球，另一侧边卫向前移动防守，中卫移动过去保护。如此不断交换练习方向和位置（见图 3.40）。

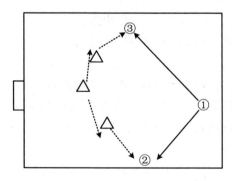

图 3.40　中卫保护边卫

要求：两个防守队员配合要协调。防守保护的位置、距离要恰当。如果是要防守三区内的保护,保护队员与被保护队员的距离应为4～6 m,在禁区和进攻三区,距离应为8～9 m。在任何场区,如果争抢队员与保护队员之间的距离超过10 m,那么抢球队员抢球失败后,保护队员成功地完成保护任务多半是不可能的。此外,保护队员还要提示抢球队员如何站位和开展抢逼行动。

2. 边卫保护中卫

目的:提高边卫队员保护中卫的能力。

方法:三名进攻队员在中路形成一个三角形,前卫①传球给左前锋②,三名前锋争取突破射门得分。对方中卫负责盯防左前锋。此时右边卫要向内收,保护右中卫的右侧身后空当(见图3.41)。

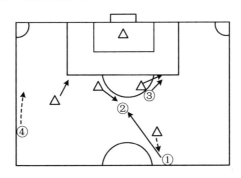

图3.41 边卫保护中卫

要求:中卫盯防要坚决果断,边卫保护中卫的回收移动要快速、及时。

3. 隔区保护

目的:提高队员防守保护的能力。

方法:将面积为40 m×10 m的场地划分为四个区域,在四区设一个2 m宽的球门。在一区、三区内各有一个防守队员,在二区、四区域内各有两个防守队员,防守队员只能在自己的区域内活动,不能越区防守。进攻方在二、四区可以同时有三个队员,在一区、三区只能同时有两个队员。练习时,进攻队员相互配合,争取从一区攻到四区,完成射门。防守队员之间协同防守,阻止进攻队员射门(见图3.42)。

要求:防守队员要注意保护自己身前区域的防守队员,并要盯防自己区域内的进攻队员,防止其在本区域内接球。球被踢出界后,从出界区域重新开始,但重新开始时,这一区域内只能有两个进攻队员。练习一段时间后,攻守队员交换练习角色。

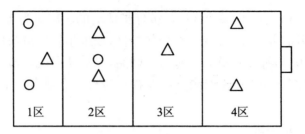

图 3.42　隔区保护

（二）补位基本练习方法范例

1. 三防二

目的：提高队员快速补位的能力。

方法：在面积为 20 m×10 m 的场区范围内，有三个进攻队员○、三个防守队员△。进行攻守练习时进攻队员不断向防守队员身后交叉跑动换位，防守队员则不断补位（见图 3.43）。

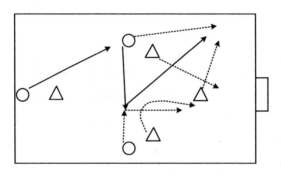

图 3.43　三防二

要求：防守队员判断要早，补位移动要及时。被补位的队员要快速交换位置，回补至给自己补位的队员的位置。

2. 循环补位

目的：提高后卫和后腰队员补位的能力。

方法：半场内，有三个进攻队员○、三个防守队员△。攻方控球前卫①传球给边锋②，边锋②沿边线直传给突然插上的前锋③。防守中卫去补防插上的前锋，此时防守后腰回退补中卫的位置，保证中路要害区域不出现防守漏洞（见图 3.44）。

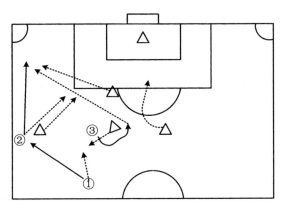

图 3.44 循环补位

(三)围抢基本练习方法范例

1. 边角夹击围抢

目的:提高队员协同防守的能力。

方法:分为两队,各 11 人。场地面积为 40 m×40 m,设两个标准球门。将场地一分为二,并将每个半场划分为 8 个大小相等的区域。后卫队员只能在本方半场活动,守门员只能在本方门前 10 m 以内的区域活动。进攻时必须从边路下底传中才能射门。攻入对方半场后,各区域内只能有一名进攻队员,防守队员不限。当对方进入本方半场后,防守队员通过向有球一侧活动集中,在局部形成人数优势,对攻方控球队员和附近接应队员实行夹击与围抢。进攻队员方则争取传中获得射门机会(见图 3.45)。

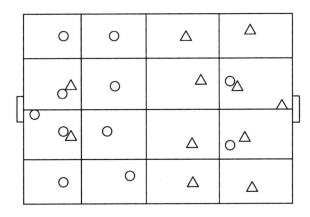

图 3.45 边角夹击围抢

要求:夹击时,一个区域内应有两名防守队员,邻区的防守队员要紧盯在本区准备接应的进攻队员。进攻队员不能越区接应。防守成功后,由防守方守门员发球进行下一次练习。进球后,则由进球一方守门员继续发球进攻。

三、整体防守战术基本练习方法

(一) 五对五半场攻防

目的:提高队员协调防守的能力。

方法:半场,分为两队,每队五人,另有一名守门员。练习时,攻方两名前卫不断左右传球,将球传到边锋脚下。防守队员则根据球的位置不断调整防守位置,对有球的进攻队员和附近的接应队员进行紧逼盯人防守,对无球一侧的进攻队员进行松动区域防守。攻方争取射门得分(见图3.46)。

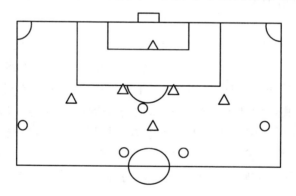

图3.46 五对五半场攻防

要求:防守队员对控球队员要盯紧,在盯人后卫身后要形成有纵深层次的防守保护。

(二) 双区比赛

目的:提高队员协调防守的能力

方法:分为两队,每队八人。将面积为60 m×40 m的场地一分为二,设两个2 m宽的小球门,每队有四名后卫、两名前卫、两名前锋。后卫只能在本方半场活动,前锋只能在对方半场活动。比赛按照正式比赛规则执行。

要求:防守队员对控球队员要盯紧,在盯人后卫身后要形成有纵深层次的防守保护。

（三）三区四门比赛

目的：提高队员盯人防守与协调防守保护的能力，以及寻找有利进攻点的能力。

方法：将面积为 60 m×30 m 的场区分为三个 30 m×20 m 的区域，在整体场地两端设两个小球门，在中间区域的两端也设两个小球门。双方各守两个小球门。分为两队，每队八个队员，分别为本方后场三个队员、中场三个队员、前场两个队员，不设守门员。只有前卫可以在三个区域内活动，前锋只能在本方前场和中场活动，后卫则只能在本方后场和中场活动。练习时，双方设法攻击中场和底线的球门得分（见图 3.47）。

要求：防守时对控球队员及其附近队员要进行紧逼盯人防守。

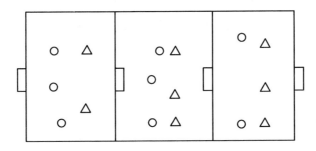

图 3.47　三区四门比赛

四、定位球防守战术

（一）前场任意球的防守方法

1. 干扰对手罚球，争取时间迅速排墙

根据罚球地点确定排墙人数，一般 A、B 区 2～3 人，C、D 区 3～4 人，E 区 5～6 人（见图 3.48）。排墙时，最高的队员站在外侧，由高到低依次向内靠紧。人墙指挥可由守门员担任，也可由人墙外侧的队员担任。人墙外侧队员应使球、自己和近门柱成一条直线，然后向外侧横跨同肩宽的一步，以防守从外侧绕过的弧线球。当球被踢出时，人墙不能过早散开，应协同迅速向球移动，有效封堵和缩小射门角度。

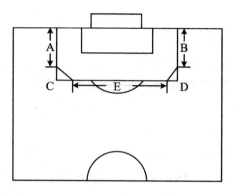

图 3.48 任意球排墙防守

2. 控制和封锁要害空间

除排墙队员外,其他防守队员应选择有利的位置。防守罚球弧内的任意球,要注意封锁和控制的区域为球门区线与罚球区线间的空间。随罚球地点向罚球区角端移动,射门角度变小,威胁随之减小,但需封锁和控制的空间也随之增大。

3. 防守罚球区内的任意球

防守罚球区内的间接任意球时,人墙应尽可能保护较大的球门部分。根据规则,排墙队员可站在球门线上,守门员应站在球门中心位置。当球被踢出时,人墙应协同一致、迅速向球移动的方向封堵射门,并造成对手越位。

(二) 角球防守

防守时,应有两名队员分别防守近、远两门柱区域的射门和高球,守门员出击时,他们应负责保护补门。守门员选位应在球门中部,斜向站立,既能看到球运行的轨迹,又能观察到攻方抢点队员的走位,以保护球门及控制球门区。三名队员站在球门区线上,防守前、中、后三个危险点和控制球门区外至罚球点之间的空间。两名队员站在罚球点两侧,控制罚球点至罚球区的空间。两名队员站在罚球区线上,控制罚球区前沿区域,以防对方开展二次进攻和远射,并伺机反击。

防守队员注意力要高度集中、明确分工,做到人球兼顾,选位时应抢占有利位置,始终处于球、对手和球门内侧之间的区域。

第四章　足球体能训练

足球体能是指通过激活神经通道,使神经肌肉系统迅速兴奋,从而提高足球运动所需要的反应、速度、协调、力量、耐力、平衡和灵敏等各项运动素质。从球类项目特点看,足球体能训练分为结合球的体能训练和无球的体能训练。

第一节　无球体能训练

一、耐力素质训练

耐力素质包括有氧耐力和无氧耐力。

(一) 有氧耐力训练手段

1. 匀速持续跑
心率控制至 150 次/分钟左右,坚持 1 小时以上。

2. 越野跑
在自然环境中跑动 1.5～2 小时,跑的速度可匀可变。

3. 间歇跑
进行不同距离的间歇跑,如 100 m、200 m、400 m、600 m 等,时间最好不要超过 2 分钟。间歇时间结束以队员不完全恢复,心率回复到 120 次/分钟为标准即可进行下一次练习,至间歇期采用积极的休息方式,整个练习时间应在 0.5 小时以上。

（二）无氧耐力训练手段

1. 变速跑

可以采用走→慢跑→冲刺跑的方式。

2. 多组追逐跑

可以采用在固定场区内队员相互追逐的形式来练习无氧耐力，应进行多组练习。

3. 定时定距离跑

如80秒内完成400 m距离跑等。

二、柔韧素质训练

柔韧素质训练基本上采用拉伸法，分为动力性拉伸法和静力性拉伸法。柔韧素质的训练手段：

（1）单人或双人的关节伸展练习，如膝关节、髋关节、肩关节的伸展练习。

（2）肌肉、韧带、肌腱等结缔组织拉伸练习，如踢腿、压腿等练习。

（3）模仿踢球的动作练习，如大幅度振摆、摆踢腿、侧身凌空传、射、倒钩踢球、跳起展腹头顶球等。

三、速度素质训练

速度素质包括反应速度、动作速度和移动速度。

（一）反应速度训练方法和手段

1. 信号刺激法

通过突然发出信号提高运动员对简单信号的反应能力。

2. 选择性练习

随着信号复杂程度的变化，让运动员做出相应的应答动作。例如，教练员喊出"1、2、3、4"中某一个数字，运动员应及时做出相应（事先规定）的动作。

（二）动作速度训练方法和手段

1. 借助信号刺激提高动作速度

利用同步声音的伴奏，使运动员伴随着声音信号的快节奏做出协调一

2. 专项性的步法练习

足球专项性脚步练习对速度、协调和灵敏有较高要求,如持球或无球情况下的侧步,都是在高速状态下完成的。关键是在不降低动作质量的情况下,加快跑动速度。

练习方法:

沿云梯跑动,左右脚相继踏在云梯的格子里,跑从云梯外侧慢跑回起点。

练习要点:

(1) 上体直立。

(2) 逐渐加快频率。

(3) 正确的跑动形式与技巧。

变换练习:

(1) 侧步练习——左右脚在云梯内,侧向完成练习。

(2) 进出格子——沿云梯侧向踏进、踏出格子。

(3) 跑动练习——两脚落于相同的格子中。

(4) 跳跃练习——双脚跳进跳出格子(开合跳)。

(5) 双脚并拢向前跳跃——两脚并拢连续跳过云梯的每个格子。

(三)移动速度训练方法和手段

1. 原地不同姿势的起跑(5~30 m)

如站立式、蹲踞式、侧身站或半蹲、背向、坐地、俯卧、原地小步跑、跳跃等,听到信号后突然跑出。

2. 竞赛性速度练习

以个人或小组形式的竞赛跑或接力性竞赛跑进行速度训练。

四、灵敏素质训练手段

1. 追逐游戏

如追拍肩部、背部、大腿等部位。

2. 快速变向转身

练习方法:

从第一根竹竿的左侧开始,加速朝向中间竹竿跑动,绕过竹竿后向右侧竹竿跑动,绕过此杆后再向中间竹竿跑动并绕过,返回起点,如图 4.1 所示。

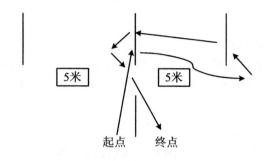

图 4.1　快速变向转身

变换练习：

教练员站在中间竹竿处，队员加速朝教练员跑动，教练员发出口头肢体信号，告知队员转身跑动的方向。

五、力量素质的训练手段

（一）腿部速度力量训练方法

练习说明：

（1）每个练习重复十次。

（2）单腿练习的动作只专注于一条腿的练习，重复五次后换另一条腿。

（3）根据个人能力确定练习的组数。

练习一：下蹲起

（1）在下蹲时是臀部向后，并保持自己的身体不要向前倾。

（2）以俯视时，自己的膝盖未挡住自己的脚面为标准。

（3）慢慢地下蹲屈膝、向后伸臀部大腿，至与地面平行并保持几秒钟，然后快速向上升起到站立的姿态。

练习二：下蹲起跳

在练习一下蹲起的基础上把之前平稳的升起换成弹地起跳，并让双脚同时离地。

练习三：弓步下蹲

（1）双手叉在腰间保持平衡，双脚交替，向前迈出一大步。

（2）前侧腿膝盖要保持不要超过自己的脚面，后侧腿自然弯曲，并降低重心。

（3）最后回到起始姿态，换另一条腿向前迈出。

练习四：弓步跳起

(1) 以一个弓步下蹲作为起始姿态。

(2) 前侧腿发力,让身体腾空,并在落地前交换双脚的前后位置,同时双手在身体两侧自然前后摆动。

练习五:单腿弯腰

单腿着地,弯腰向前,让双手轻轻着地,然后恢复到直立的姿态。

练习六:单腿弯腰跳起

在练习单腿弯腰的基础上把之前平稳的升起换成弹地起跳,让整个身体离地。

练习七:双脚提踵

双脚保持等肩宽的距离,然后脚后跟向上提起。提升的过程要尽量慢一点,感受小腿肌肉的发力。下落时可以稍微放松,让脚后跟自然下落。

练习八:双脚纵跳

在练习双脚提踵的基础上,把双脚向上提升的过程换成一个快速的、主要靠小腿肌肉发力的向上跳起的动作。

(二)上肢爆发力量训练

器材:重量为 2~9 kg 的实心球。

练习方法:两人一组,队员在相距 2 m 的位置完成简单地抛、投球,如胸前传球、单臂传球、体前快速抛球、体后快速抛球、腰间传球、向下用力掷球等。

第二节 结合球体能训练

结合球体能训练是贴近比赛真实情况,进行有球训练的足球专项性练习模式。

一、快速脚步云梯

(一)结合球练习

1. 练习方法

跑动队员沿云梯侧向或纵向完成快速脚步练习,另一名队员站在距云梯 2 m 远的位置抛出不同高度的球,跑动队员利用脚、胸或头部技术控球后回传。

2. 变换练习

变换完成不同线路的快速脚步云梯(结合球)训练。

(二) 传球射门练习

1. 场地/器材

将两组云梯各以"L"形放置,两组相距 2 m,如图 4.2 所示。在"L"形云梯的起始端和末端 1 m 处各放置一锥形物。在距两组云梯中心区域 30 m 的位置放置一小球门。在一个云梯末端,放置一个球。

2. 练习方法

两名队员沿直线采用快速脚步开始练习,然后随云梯转换至侧向移动。队员 A 朝球加速跑动,并在将球传给运动中的队员 B,队员 B 接球后完成射门。

3. 变换练习

变换完成直线跑动和侧向移动的快速脚步云梯(传球射门)练习。

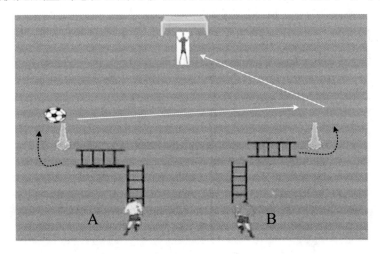

图 4.2

二、结合球体能训练(守门员)练习

1. 场地/器材

弹性皮带两根,云梯一条,球若干。

2. 练习方法

守门员系好牵拉皮带,站在球门中间,做快速脚步云梯移动,教练员持球,在 15 m 外用脚踢出不同角度和高度的球,守门员快速移动扑接球再回复身体姿势。重复练习。

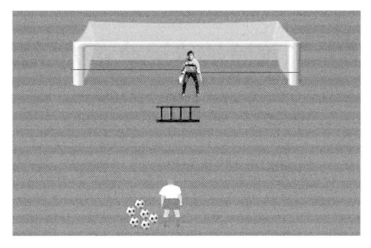

图 4.3

三、结合比赛提高各项素质能力

通过贴近比赛情景来提高各项身体素质能力是最佳、最有效的途径。例如,合理安排场地范围的大小、双方人数、有无球门以及外加的限制条件。

第五章　校园足球运动竞赛与组织

第一节　校园足球运动竞赛的组织筹备工作

足球竞赛的举办有利于宣传我国体育运动的方针、任务，激发广大群众锻炼身体的热情，推动体育运动的广泛开展，对增强人民体质、丰富文化生活、振奋民族精神具有重要意义。

校园足球运动是我国广大人民群众和青少年喜爱的运动项目之一。我国每年都有成千上万的运动员参加各级足球比赛，比赛可以检查训练的成果，互相观摩学习，交流经验，取长补短，共同提高足球技术水平。校园足球比赛的举办可加深学生之间的相互了解，增进友谊和团结，促进学生足球运动技术水平的提高。

校园足球竞赛的主办部门应根据竞赛工作计划安排有秩序地开展工作。组织竞赛是一项比较复杂而细致的工作，涉及面广，它是决定竞赛能否顺利进行的关键环节，会直接影响到竞赛任务的完成。竞赛的组织工作可分为竞赛前的筹备工作、竞赛期间的工作和竞赛结束后的工作。

一、竞赛前的筹备工作

足球竞赛主办单位应根据竞赛性质、规模的大小，召集各有关部门成立竞赛的领导机构——组织委员会（或筹备委员会），将比赛的组织方案、竞赛章程、工作计划、组织机构等重要问题提交组织委员会审定。

（一）讨论和确定组织方案

根据上级单位的竞赛工作计划和竞赛的性质来确定组织方案，一般包括以下内容：

(1) 竞赛的名称、目的和任务。根据上级单位对竞赛提出的任务和要求来确定。

(2) 竞赛的规模。根据竞赛的目的来决定，主要内容应包括主办单位、承办单位、参加单位、运动员人数、竞赛地址和日期等。

(3) 竞赛的组织机构。根据实际需要建立，包括竞赛的组织形式、工作人员的名额、组织委员会下设的主要工作部门及负责人名单等。

(4) 竞赛的经费预算。应本着勤俭节约的原则，按实际需要来制订预算。内容包括比赛场地的修建（租借）、器材设备、奖品、交通、食宿、接待、医药、奖金、工作人员补贴金等项目的经费预算。

（二）成立组织机构

组织机构的形式与规模应与竞赛规模相适应，根据工作需要来组建，一般以学校的体育主管部门为主要部分。竞赛应在有关单位党政组织的领导下，由有关部门负责人组成领导机构，机构的设置应以精干为原则。校园竞赛组织形式及各部门具体职责主要有以下几个方面：

1. 组织委员会（领导小组）

负责领导竞赛的筹备、进行和总结工作。竞赛涉及面比较广，所以组织委员会成员应包括各有关部门的负责人，以便解决竞赛举办中各方面的工作问题。

(1) 确定竞赛方针。

(2) 研究和批准竞赛规程。

(3) 研究和批准竞赛工作计划。

(4) 赛前听取筹备工作汇报，研究解决有关问题。

(5) 赛后讨论竞赛总结或处理有关的问题。

2. 办公室（秘书处）

(1) 根据组委会（或领导小组）的决议，组织配备各部门的工作人员。

(2) 拟定工作日程计划，主要内容有：组织委员会会议，裁判员报到日期，场地器材准备工作，动员工作，开幕式和闭幕式，各代表队领队会议，组织学习报告或经验交流，竞赛总结等项工作。

(3) 制订各种规章制度与须知，如作息时间、竞赛制度和竞赛须知等。

（4）负责对外联系。

（5）召开有关会议，统一解决各（处）组之间的问题。

（6）编造预算等事宜。

3. 宣传处（组）

（1）组织好大会的宣传报道工作。

（2）组织通讯报道与编辑会刊。

（3）组织大会党团活动。

（4）研究制订先进队和先进个人的评选条件和细则。

（5）准备学习材料，组织学习和讨论。

（6）组织有关参观等活动。

4. 竞赛处（组）

（1）筹备裁判工作，制订裁判员计划，包括人数、来源等，当裁判组到位后，在裁判长领导下开展裁判工作。

（2）组织报名，编印秩序册。

（3）准备场地和各种器材，包括场地设备、器材和裁判用具等。

（4）召开有关会议，解决有关竞赛的各种问题。赛前要召开裁判长、教练员联席会议，比赛期间，可在必要时召开有关会议，解决比赛中出现的问题。

（5）安排各队练习，组织经验交流、座谈等。

（6）最后排列出各队名次。

5. 总务处（组）

（1）统计竞赛的经费预算。

（2）做好大会的物质准备，如交通、食宿、医药、文具及其他用品等。

（3）大会的生活管理工作，及时召开各单位管理人员的会议，解决大会中有关生活方面的问题。

（三）制订竞赛规程

竞赛规程是竞赛组织者和参加者的基本文件，也是竞赛工作开展的依据，竞赛规程是在竞赛前由主办单位制订，并提前发给有关单位以便做好准备工作，竞赛规程一般包括以下内容：

（1）竞赛的名称。

（2）竞赛的目的任务。

（3）主办单位。

（4）比赛日期和地点。

(5) 参加单位和各单位人数及资格等。
(6) 报名和报到日期。
(7) 竞赛办法。
(8) 裁判员。
(9) 采用的规则和用球。
(10) 录取名次和奖励办法以及其他事宜。

(四) 制订工作计划

依据竞赛方案,竞赛规程规定的竞赛日期,各部门根据自己的职责范围拟订出具体工作日期计划。有计划地做好赛前各项准备工作。办公室(秘书处)应定期检查准备工作落实情况。

(五) 纪律委员会的工作

纪律委员会的职责包括研究和处理整个竞赛过程中所发生的违犯竞赛规程和竞赛规则的代表队及运动员、裁判员、领队、教练员和随队其他工作人员,对其采取警告、暂停或取消比赛资格或工作资格等纪律措施。

二、竞赛期间的工作

(1) 竞赛期间要不断地对相关人员进行思想教育,使其端正比赛态度,正确对待胜负,正确对待裁判员,正确对待观众,表扬先进队和运动员。
(2) 大会有关成员应经常深入到球队中去,征求意见及时改进工作。竞赛组每天及时公布成绩。
(3) 场地组应经常对比赛场地、器材和设备进行检查和管理,保证竞赛顺利进行。
(4) 遇有特殊情况需要更改比赛日期、时间和场地时,竞赛组及时通知有关部门和比赛各队。
(5) 治安保卫组负责竞赛场地安全和秩序。
(6) 竞赛各部门应经常与各队取得联系,听取意见改进工作。必要时召开领队、教练员、裁判长联席会议,及时处理和解决比赛中所发生的问题。

三、竞赛的结束工作

(1) 各部门总结竞赛期间的工作。

(2) 组织和举行闭幕式,做竞赛总结报告,颁发奖品。

(3) 安排和办理各队离会的有关事宜。

(4) 组织委员会向上级汇报工作情况。

2017年安庆师范大学足球联赛竞赛规程示例(简例)

一、主办单位

安庆师范大学校体育艺术委员会

二、承办单位

安庆师范大学体育学院

三、比赛时间和地点

2017年3月中下旬,具体时间、地点另文通知。

四、参加单位

安庆师范大学各学院

五、竞赛组别

男子足球(11人制),女子足球(8人制)

六、运动员资格

(一)参赛运动员必须是有正式学籍的安庆师范大学在校全日制本科生或研究生。

(二)参赛运动员必须通过校医院身体健康检查。

七、报名规定

(一)各学院可报男子组1队、女子组1队,不得跨学院组队。

(二)每个队报领队1人(体艺委委员),教练员1人(团学老师),如有需要也可报1名助理教练员(学生)。男子运动员不超过20人,女子运动员不超过15人。

(三)各队运动员一经报名不得更换。

(四)各代表队需在2017年3月7日前,通过电子政务将报名表电子版和加盖学院公章及校医院公章报名表(一式两份),报送体育学院某老师处,联系电话:152********。

(五)各学院必须按照规定的日期、要求报送参赛资料。未按规定报送的,不允许参赛。逾期报名,不予受理。

八、竞赛办法

(一)比赛执行国际足联最新审定的《足球竞赛规则》。

(二)男子比赛全场比赛时间为90分钟(上下半场各45分钟),中场休息15分钟,比赛使用5号球;女子比赛全场比赛时间为80分钟(上下半场各

40 分钟),中场休息 15 分钟,比赛使用 5 号球。

(三)每场比赛男子队允许填报 20 名队员,包括 9 名替补队员,但每场比赛最多只可替换 7 名队员;女子队允许填报 15 名队员,包括 7 名替补队员,但每场比赛最多只可替换 5 名队员。

(四)比赛中,运动员被裁判员出示一张红牌或累计两张黄牌,自动禁赛一场。红黄牌均不带入下一阶段比赛。

(五)比赛中,男子比赛如一队场上队员不足 7 人时,则该场比赛自然终止,视该队为弃权,判对方 3∶0 胜;女子比赛如一队场上队员不足 5 人时,则该场比赛自然终止,视该队为弃权,判对方 3∶0 胜。如比赛终止时场上比分已超过 3∶0,则以当场比分为准。

(六)参赛队员的姓名、球衣号码必须与报名表相符,否则不得上场比赛。

(七)比赛队的服装要求:

1. 各队必须准备符合规定的深、浅两套比赛服装(需按竞赛日程表前深后浅着装参赛)。

2. 守门员的服装颜色要与其他队员有明显区别。

3. 场上队长必须自备 6 cm 宽与上衣颜色有明显区别的袖标。

4. 上场队员必须戴护板(包括守门员)。

5. 足球鞋须使用帆布面胶底足球鞋(或皮面碎钉足球鞋)。

6. 比赛服装和护袜颜色必须全队一致。

7. 服装不符合要求的队员不得上场比赛。

8. 运动员球衣号码必须为 1~99 号,不得出现违规号码。

(八)比赛赛制采取混合制(先分组循环后淘汰赛),循环赛各小组前两名进入交叉淘汰赛。

(九)决定名次办法

1. 每队胜一场得 3 分,平一场得 1 分,负一场得 0 分,弃权队取消所有比赛成绩。

2. 如遇两队或两队以上积分相等时,则依次按相等队之间比赛的胜负、净胜球、比赛进球、全部比赛中净胜球、全部比赛中进球数决定名次,多者名次列前。如再相等,则以抽签的办法决定名次。

3. 如比赛需决出胜负,在规定时间内战成平局时则直接以罚点球决出胜负。

(十)比赛时,参赛运动员必须出示学生证,否则不能参加比赛。

九、资格审查

1. 赛前发现运动员资格有问题、证据确凿的,则取消当事人参赛资格,且该名额作废,不得换人。

2. 如在比赛中或比赛后发现运动员参赛资格有问题,经调查取证核实后,视确认核实时其对比赛造成的影响大小,分别给予取消该队相关比赛成绩或所有比赛成绩和名次的处罚,必要时通报批评。

十、录取名次与奖励办法

(一)足球项目成绩计入校运动会团体总分。获比赛前八名的运动队分别按36、27、18、15、12、10、8、6计分。

(二)各组分别录取前八名,不足八个队的组按实际参赛队录取。

(三)向获得名次的代表队颁发奖杯或奖状、参赛运动员颁发证书。

(四)比赛设"优秀组织奖",具体评选办法另定。

十一、技术代表、仲裁、裁判长和裁判员的选派

技术代表、仲裁、裁判长和裁判员由体育学院选派。

十二、经费

(一)每队报名时需交赛风赛纪保证金800元,请与某老师联系,联系方式:138＊＊＊＊＊＊＊＊。

(二)比赛期间各队的其他费用均自理。

十三、申诉办法

(一)本次比赛的仲裁委员会将对比赛过程中出现的申诉情况进行规则上的解释。

(二)申诉须缴纳申诉金500元,由各队领队进行申诉,否则不予受理。

(三)各队比赛过程中不得打架、干扰裁判、无故退场,否则按照学生手册处理,并扣除赛风赛纪保证金,且不受理申诉。

十四、本规程解释权属主办单位。如有疑问,请联系体育学院某老师,139＊＊＊＊＊＊＊＊。

十五、未尽事宜,另行通知。

第二节　校内足球常用竞赛制度与编排方法

竞赛制度是在竞赛活动中确定参赛队名次的方法、体系的总称。足球比赛中常用的有循环制、淘汰制和混合制三种。根据比赛的目的、任务、要

求,以及竞赛时间的长短,参加队数的多少和训练水平,比赛场地、人力、财力等因素来考虑选择某种竞赛制度。

当前校内足球比赛,通常采用单循环和混合赛制。

一、单循环

所有参加比赛的队,在比赛中都要相遇一次,最后按各队在单循环赛中的全部成绩排定名次。参赛队数不多,而且时间又允许时,可以采用单循环的方法进行比赛。

(一)比赛总场数和轮数的计算方法

单循环比赛总场数:参加比赛队数×(参加比赛队数-1)/2。

循环比赛轮数:若参赛队的队数是单数,则比赛轮数等于参赛队数。若参赛队数是双数,则比赛轮数等于参赛队数减一。

(二)比赛轮次表的排列

比赛轮次表的排列可采用轮转法。

编排的方法:不论参赛队是单或双数,一律按双数编排,若参赛队为单数时用一个"0"号代表队,使之成为双数,各队碰到"0"号队即为轮空。编排时先以号数代表队数,将其平均分为两半,前一半号数由1号起自上而下写在左边,后一半号数自下而上写在右边,然后再把相对的号数用横线接连起来,这就是第一轮的比赛。轮转的方法一般有逆时针轮转法和顺时针轮转法两种,如表5.1、表5.2所示。

表 5.1 逆时针轮转法

第一轮	第二轮	第三轮	第四轮	第五轮
1—6	1—5	1—4	1—3	1—2
2—5	6—4	5—3	4—2	3—6
3—4	2—3	6—2	5—6	4—5

一般参赛队为双数时,轮转方法是1号位置固定不动,其他位置每轮按逆时针方向移动一个位置,这样可排出各轮比赛顺序。

表 5.2　顺时针轮转法

第一轮	第二轮	第三轮	第四轮	第五轮
1—0	2—0	3—0	4—0	5—0
2—5	3—1	4—2	5—3	1—4
3—4	4—5	5—1	1—2	2—3

一般参赛队为单数时,可用"0"代表轮空,补成双数。但"0"号位置固定不变,其他位置每轮按顺时针方向移动一个位置。

(三) 确定各队赛序,编写比赛日程表

轮次排出之后,还应明确各参赛队的代表号码数,将各队队名按其代表号码数填到轮次表中,然后编写比赛日程表。

决定参赛代表号码数的方法一般有两种:

(1) 抽签法。赛前召集各队代表一起抽签,以明确各个号码分别代表何队。

(2) 直排法。根据上届比赛名次,直接将队名填于相应号码处,若上届排名中有不参加本届比赛者,须将其后名次队依次升填到缺队号码处,若本届比赛有若干新增加队,则须将新队按报名先后或其他竞赛名次的高低,依次排在上届最后一名之后。如同一地区或单位有两队以上参加比赛应安排第一轮先打。

(四) 循环制比赛的计算方法

循环制竞赛的记分方法必须在竞赛规程中明确规定。正式足球比赛中均采用三分制。

(1) 每队胜一场得 3 分,平一场得 1 分,负一场得 0 分,以全部比赛积分的多少决定名次,积分多者列前。

(2) 如全部比赛结束时,两队或两队以上积分相等,依下列顺序名次列前:

① 积分相等队之间相互比赛的积分多者。
② 积分相等队之间相互比赛净胜球多者。
③ 积分相等队之间相互比赛进球总和多者。
④ 整个联赛中净胜球多者。
⑤ 整个联赛进球总和多者。

⑥ 抽签优胜者。

循环制竞赛,计算成绩时,可制出登记表,如表 5.3 所示。

表 5.3 单循环比赛成绩登记表

队名	一队	二队	三队	四队	五队	六队	积分	净胜球	进球	名次
一队										
二队										
三队										
四队										
五队										
六队										

二、混合制

混合制是指在一次竞赛分为两个阶段进行,前一阶段采用循环制,后一阶段采用交叉淘汰制以及附加赛。也可先采用淘汰制,后采用循环制。较为常用的是先循环后淘汰再附加赛的混合制。

混合制综合了循环与淘汰的优点,弥补了两者的不足,较全面地兼顾了竞赛各方面的要求。它有利于参赛队的相互学习和交流,激励运动员的比赛热情,最大限度地减少比赛胜负的偶然性,因而使比赛名次的产生较为合理、客观。同时,随比赛进程的推进,比赛逐渐进入高潮,精彩激烈。

混合制竞赛中进行淘汰赛的一般方法。

(一) 第一阶段:分组循环

分组循环的特点在于它既保留了循环制中各队相遇机会较多的优点,又可缩短比赛时间。但因其只能确定出各队分组赛中的名次,所以一般在非单一循环复合赛及混合制复合赛中采用。分组循环比赛时,为了使分组比较合理,能反映出比赛的实际水平,一般采用种子队或蛇行排列分组办法。

1. 种子队编排法

首先应确定种子队。种子队的确定应在领队会议上,根据参赛队的水平或上届比赛的名次协商解决。第一步种子队先抽，先把种子队经抽签分到各组中去，然后再用抽签的方法确定其他各队在各组的位置。种子队的数目应该与分组数相当，或者是分组的倍数，8个队分两组可设两名种子队。如果每组有两名种子队时，应把第一名种子队与最后一名种子队编在一个组内。第二名种子队与倒数第二名种子队编在一个组内，依此类推。

2. 蛇行编排方法

蛇行编排是按上届的名次进行分组，根据蛇行编排的结果，分组循环的比赛总场数等于每组的比赛场数之和。

（二）第二阶段

1. 交叉赛

例如，第一阶段分 A、B 两组进行单循环赛，决出各组的名次。进入第二阶段淘汰赛时，可让两组的第一、二名进行交叉赛，即 A 组第一名对 B 组第二名，A 组第二名对 B 组第一名，然后两组的胜者进行决赛，胜者为冠军，负者为亚军。若要排出三、四名时，两组的负者进行附加赛，胜者为第三名，负者为第四名。各组的第三、四名同样采用此方法决出第五至第八名，依次类推。若有四个或更多组的第一名或第二名参加第二阶段的淘汰赛，可以让相邻组进行交叉赛，即 A、B 两组的第一、二名，C、D 两组的第一、二名进行交叉赛，也可隔组交叉，即 A、C 两组的第一、二名，B、D 两组的第一、二名进行交叉赛。

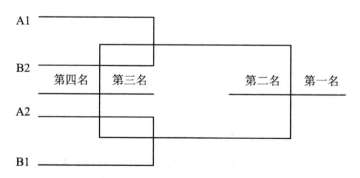

图 5.1　交叉、淘汰、附加赛表

2. 同名次赛

第一阶段可分成 A、B 两组进行单循环赛，排出各组名次。进入第二阶段淘汰赛时，两组的第一名比赛决出第一、二名，两组的第二名比赛决出第三、四名，依次类推。如果第一阶段是分成四个组进行循环赛，则先由四个组的第一名进行半决赛，然后两个胜队进行决赛，两个负队进行附加赛，决出第一至第四名，如图5.2所示。

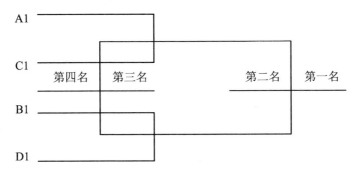

图 5.2 同名次赛表

3. 附加赛

附加赛是在分组循环、交叉淘汰制的情况下，除了要决出冠亚军队外，还要确定其他名次时，运用附加赛决定名次的办法。例如，比赛要取前八个名次进行颁奖，附加赛办法是复赛中失败的两个队比赛一场，胜者为第三名，负者为第四名，在预赛中失败的四个队进入，附加赛阶段，决出第五到八名。

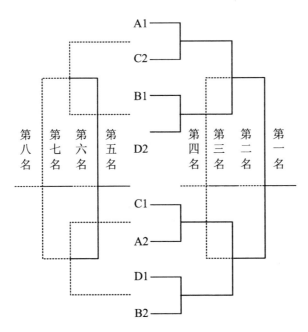

图 5.3 附加赛秩序表

第六章　校园足球运动中的健康与安全

　　健康与安全是众人期盼的基本需求,学生的健康与安全问题关乎每个家庭的幸福和社会的稳定。意外伤害导致的安全问题显然已成为关系国泰民安、社会长久稳定的突出问题。学校作为实现教育功能的主要阵地,有责任为学生健康、安全的发展提供安全健康的场所,在抓好安全管理的同时,培养学生的安全防范意识和必要的安全防范知识与技能。因此,学校在培养德、智、体、美、劳全面发展的社会主义接班人时,健康与安全教育也是必不可少的重要内容。那么,在兼顾学生身心健康发展的同时,能否使学生养成一定的安全防范意识,掌握必要的安全防范知识和技能;如何利用有限的时间和有效的教学手段,实现学生健康教育与安全教育的全面发展,是所有教育工作者面对的新课题。

第一节　校园足球运动与健康

　　近年来,我国青少年的身体健康水平仍在继续下滑,这已成为学校体育乃至整个素质教育薄弱环节,不少学生甚至没有一项擅长的、终身受益的运动项目。因此,大力开展青少年校园足球,一方面对学校的体育发展具有辐射带动作用,有利于促进体育教学的内容设置、条件改善,实现场地设施资源条件的提升,能够推动集体类运动项目的开展,使体育课、课外锻炼、每天锻炼一小时等活动的内容更加丰富多彩;另一方面,对学校体育改革也具有创新和示范意义。因为校园足球综合性很强,其探索形成的教学模式、训练机制、管理方式和竞赛体系等经验,也可以为学校体育改革提供借鉴,注入新的活力,有利于形成"崇尚运动,热爱锻炼"的校园文化,也为全民健身和"健康中国"培植了土壤。从而提高人们对学校体育的重视,把学校体育在教育中的地位和重要作用凸显出来,使青少年学会运动技能、强身健体,培养青少年的尊重、团结、拼搏、坚持等优秀品质,实现立德树人的根本任务。学校体育是学生全面成长的重要途径,是教育的基石;没有学校体育,教育就是空中楼阁。发展青少年校园足球是深化学校体育改革的最好抓手。通过发展青少年校园足球能激发青少年学生的运动兴趣,"强化内在的运动动机,进而促进体育生活方式的养成",并能在传授和学习足球运动技能的过程中促进青少年学生身心健康的发展。需要强调的是发展青少年校园足球,除教育行政部门需要重视外,还需要依靠广大基层学校去实施。从校长、教师、学生到相关的每一个人,如果不能正确认识足球运动所蕴含的体育精神,不能理解足球背后的文化意义,青少年校园足球就无法真正搞好,甚至有可能沦为"面子工程"。因此,国民体质健康问题必须从青少年抓起,从目前我国各级各类学校的现实情况来看,发展青少年校园足球就是推动全民健身和健康中国的最明智的选择和最好的抓手,也是促进人力资源强国建设的教育基础。

一、校园足球运动与健康的关系

足球项目是一项集复杂性、集体性、对抗性和连续作战性于一体的综合性运动项目。足球运动是一项高强度、多间歇、运动总持续时间较长的项目。从能量代谢角度来看,足球比赛中,人体高能磷酸原系统的供能能力决定着足球比赛中激烈拼抢、快速、准确传接球、大力射门、长传球、断球等高强度和高难度动作的质量。短时的高强度,快速运动中、低强度的间歇相衔接,决定了足球比赛是以多次反复的高强度运动与多间歇共同构成的运动形式。这一特点也形成了足球运动的能量代谢特点,足球比赛高能磷酸原系统的供能能力决定着足球比赛中短时间的冲刺、拼抢、带球、传接球、射门等快速爆发式动作速度和动作的质量。足球是一项持续总时间较长的运动,有氧氧化供能的强弱占据着重要地位。在足球运动的供能体系中,高能磷酸原系统和有氧供能系统占据主要地位。足球运动是对抗性较强的竞赛项目,在这个既需要激烈竞争,又需要团结协作的环境中,参与者的竞争意识和意志品质会得到锻炼,有利于培养勇于拼搏、积极向上的精神。同时,足球运动对身体素质的要求较高,它需要快速度的奔跑能力,控制身体重心的能力,灵活的步点、步伐,对抗中的力量素质以及良好的耐力和柔韧素质。

在足球训练过程中,科学的训练方法、合理的运动负荷、循序渐进的教学方式有助于进一步发挥身体素质方面的优势、改善身体素质方面的不足,使身体素质水平得到全面的提高。许多研究表明,足球运动有助于增强体质,全面发展学生身体素质。从事足球训练和比赛时,参与者的身体要进行各种形式的活动,这些身体运动能够有效地发展人体的各项身体素质,并能增强人体心血管系统、呼吸系统等内脏器官系统的机能以及肌肉骨骼等运动系统的功能。足球运动是增强体质和强身健体的良好手段,是健身活动中一项行之有效的体育运动项目。经常从事足球运动,可以提高人们的身体素质,并能使人的神经活动得到改善,特别是能增强人体的呼吸系统机能、心血管系统机能,从而促进人体的健康。据测定,一名优秀足球运动员的肺活量比正常人要大 2000~3500 毫升,安静时的心律要比正常人低 15~22 次/分。

二、校园足球运动对身体形态的改善

身高、体重是反映学生身体形态情况的重要指标,也是评价学生生长发育状况的重要参考。通过校园足球运动的开展,可使学生的肌肉体积增大、肌纤维中线粒体和毛细血管数目增多、骨密质增厚、骨径变粗、骨面肌肉附着处突起明显,这对青少年的身高、体重的生长影响很大。此外,目前国际上常用的衡量人体胖瘦程度以及是否健康的一个标准是体脂率。体脂率是指人体内脂肪重量在人体总体重中所占的比例,又称体脂百分数,它反映了人体内脂肪含量的多少。足球运动比一般的体育课锻炼能更有效地降低学生的体脂率,从而促进学生的生长发育。由于足球项目的运动时间长、活动范围大、运动强度高、能量消耗大,且足球运动的独特魅力会大大提高学生参加足球活动的积极性,所以学生会在不知不觉中投入到足球运动中,消耗更多的能量。由此可见,足球对控制体重、减少身体脂肪具有很好的作用。

三、校园足球运动对身体机能的促进

肺活量和肺活量指数是反映机体呼吸机能的重要指标,也是评价机体潜在有氧运动能力的重要指标。足球运动中的能量转化和利用的中心是三磷腺苷(Adenosine Tripho Phate,ATP),它是肌肉克服阻力做功时直接能量的来源。当运动参与者持续奔跑时,身体相应部分的肌肉收缩,对 ATP 的需求增高,这时体内就会生成大量的乳酸来维持葡萄糖分解过程,提供更多的 ATP,形成无氧运动。一般来说,碳水化合物、脂肪、和蛋白质是足球运动中的潜在具有有氧特征的能量来源,如何在运动中持续有效地利用氧气是运动成绩好坏的重要影响因素,足球运动能够使呼吸深度加大,提高和改善肺呼吸的效率和机能,从而提高肺活量。参与足球运动对学生的呼吸机能起到了很好的锻炼作用。呼吸机能的增强,提高了学生的肺活量,有助于学生身体机能的提升。

四、校园足球运动对身体素质发展

(一)速度素质

速度素质对人体的运动机能发挥具有重要影响。速度素质是许多运动项目的基础,运动参与者速度素质的强弱直接关系到比赛的成败。足球训练和教学中,参与者的各项技术学习都要建立在必要的快速移动基础之上,在迎接快速来球、运球射门等情况时,脚步必须跟上自己的战术意识,这就要求参与者在足球场上进行快速奔跑、紧急制动。经过一段时间的练习,参与者的下肢肌肉爆发力得到锻炼,肌肉的协调性得到改善,身体的灵活性和协调性得到提高,从而促使速度素质得到明显提高。

(二)耐力素质

耐力素质是反映人体长时间进行肌肉活动的能力,是一般运动项目的重要基础素质之一,也是我们通常用来评价个体体质、健康水平的重要标准。有氧耐力是指呼吸、运输和利用氧气的能力。决定有氧耐力的生理因素主要是运动中氧气的供应和作为能量物质的糖原含量与脂肪量。通常情况下,足球运动的特点是运动持续时间较长,这就要求参与者具备充足的能量储备。此外,足球运动供能属于混合性供能,比赛过程中,参与者的身体代谢主要是以磷酸原代谢为主,当运动强度较大时,糖酵解供能系统也参与供能,运动间歇主要是有氧代谢功能。因此,经常参与足球运动者能促进其氧代谢能力及运动后疲劳的迅速恢复,从而促进其耐力素质的发展。

(三)力量素质

力量素质是身体素质的重要组成部分之一,是对人体运动影响最广泛的一项素质。各种体育运动和体力劳动均离不开力量素质,其强弱将会直接影响到我们的日常工作、学习和运动水平的提高。足球运动对腿部力量要求很高,无论快速跑动、连续变向,还是紧急制动,下肢力量都起到至关重要的作用。足球运动不仅要求参与者跑得快,也要求其具有较强的制动能力,所以足球运动对参与者的下肢力量要求较高,参与足球运动可以有效提高下肢肌肉爆发力。此外,全身协调肌力和上肢肌肉力量与下肢肌肉力量一样重要,在运球、传球、射门等技术环节中,全身协调肌力的运用也可以促进其力量素质的发展。

(四)柔韧素质

人体柔韧性水平能反映其关节在不同方向上的运动能力和肌肉、韧带等软组织的伸展能力。良好的柔韧素质可以使人体在激烈的运动中减少运动损伤的产生。从足球运动的技术动作结构来分析,足球活动是在不断变化中进行的,球的滚动与飞行,同伴的跑动与传递球,进攻与防守都在不断变化,人对时间、空间、方位、距离等的判断也在不断变化,这既有利于训练参与者的灵敏性和判断的准确性,也有利于身体柔韧性的提高。

第二节 校园足球运动与安全

校园足球运动的参与者往往精力充沛、活力四射、好胜心强,对竞技性强以及对抗性强的运动项目有很大的兴趣,但运动风险意识薄弱,容易发生疏忽大意或过于自信的过失行为,从而导致伤害事故发生。如何处理学生喜欢运动与易发生运动伤害事故之间的冲突是开展体育活动的关键。虽然学校、教师在足球活动开始前告知、提醒甚至是进行警告,但仍不可能杜绝风险的发生。足球本身就是一项集竞技性、对抗性于一体的运动项目,同时足球运动规则允许一定程度的身体对抗与冲撞,参与足球的风险时刻存在。此外,在竞争与对抗的过程中以及模仿球星高难度动作时也容易发生体育活动伤害事故。

一、校园足球安全发展必要性

(一)国家相关法律的规定

教育部于 2002 年 6 月 25 日颁布了《学生伤害事故处理办法》,并于

2002年9月1日正式施行,为预防、处理学生伤害事故提供了法律规范。该办法第五章第四十条指出:"教育行政部门应当加强学校安全工作,指导学校落实预防学生伤害事故的措施,指导、协调学校妥善处理学生伤害事故,维护学校正常的教育教学秩序。"近几年来,校园教学安全事故和其引发的纠纷事件愈发频繁,如何消除对教学活动的不利因素,在现有的法律、法规的制约下处理教学活动安全事故,进而切实维护学校、体育教师和学生的合法权益,以及如何从法治的层面来促进足球教学安全事故的防范,是一个具有重要意义的现实问题。

(二)"育人为本"指导思想

《中国足球改革发展总体方案》和教育部等六部门《关于加快发展青少年校园足球实施意见》,都将发展校园足球的目标确定为"育人",即通过发展校园足球,增强学生体质,提高学生运动能力,培养学生健全人格,达到育人的目的。2014年11月,刘延东副总理在全国青少年校园足球工作电视电话会议上也强调"校园足球要坚持育人为本"。由此可知,青少年校园足球应以育人为本,充分利用平台优势,落实立德树人的根本任务和实现青少年学生的全面发展。五年来,校园足球的工作取得了令人瞩目的成就,但由于足球运动对抗性强、场上不定因素多,使其充满了风险。一些意外事故给有关教育部门、学校、学生、家长和老师造成了很大损失。因此,针对校园足球运动中的安全问题,管理者要以"育人为本"作为指导思想,把风险管理引入到校园足球中,加强安全防范意识,最大限度地保障学生在参与校园足球运动中的安全,真正地实施素质教育,为社会培养全面发展的人才。

(三)学生安全意识和安全行为习惯的培养

校园足球的管理者应结合学生的学习内容来指导学生安全意识。比如,在足球教学中,一般教会学生基本技术后会进行教学比赛,在此时讲一讲足球比赛的基本规则就显得非常重要,让学生明白足球规则的内涵及其重要性,比赛才能公平公正、安全有序地进行,才不至于发生安全问题。学生通过每堂课的学习与实践,会在足球练习的实践中逐步养成遵守比赛规则的习惯。应用到生活中去就是遵守交通规则、各种器具的使用规则等,有助于预防各种意外事故的发生。因此,校园足球应结合参与者学习内容的实际,培养其遵守规则的意识,有利于各种安全健康生活行为习惯的养成。

二、校园足球安全隐患的成因

(一) 场地器材、天气环境因素

场地风险属于客观因素的一种。学校应当为学生提供符合标准的足球运动场地。然而,足球场占地面积较大,许多学校占地面积有限,无法给学生提供标准大小的足球场地。就建有足球场的学校来说,场地的铺设状况也不容乐观。天然草坪足球场的建设标准高,花费也大,维护费用同样高,对一般学校来说建设天然草坪足球场不切合实际,也不实用。在拥有足球场地的学校中,大多数为人造草坪的足球场或者平整的塑胶场地,维护起来相对简单。但部分学校疏于维护管理,致使场地损坏失修,从而导致伤害事故的发生。此外,足球运动的训练器材由于使用频率高,会变得越来越陈旧,也会产生一些不安全因素。

足球运动是一项在户外进行的运动项目,天气同样是影响足球运动能否顺利进行的一个重要的因素。在恶劣天气下进行足球活动,会使得运动损伤发生的风险增高,如下雨天场地会变得湿滑,学生容易摔倒、扭伤;低温天气会影响学生的身体机能,且需要更多的时间来热身,需要在运动中保持温度,否则容易引发肌肉韧带拉伤等。但是,有时比赛是先前安排好的,不得不在天气较差的时候进行,这就使得风险的发生概率增加,更加需要学生提高警惕,加强注意。

(二) 足球运动的对抗性特点

足球作为一项身体接触较多的体育运动项目,必然易出现激烈的身体对抗,并且对速度、力量、技术均有较高的要求,此外,足球比赛规则也允许队员之间存在合理的身体对抗与身体冲撞。同时,足球比赛主要使用的是下肢与脚的技术对抗,而下肢的身体灵活性以及膝关节、踝关节的灵活性有限,容易在奔跑或者对抗的过程中发生损伤。若参与者的力量素质尤其是下肢力量与核心力量未达到一定水平,盲目模仿球星的高难度动作,甚至追求高强度的身体对抗,就容易发生摔伤、扭伤甚至骨折的情况。

(三) 运动装备简陋、热身等准备不充分

必要而适宜的热身活动是从事校园足球活动的前提和重要措施,不做准备活动或随意活动后匆忙上场往往会引发一些可以避免的损伤,如下肢

肌肉拉伤、踝关节扭伤等。任何"简化"准备活动的做法迟早都是要付出一定代价。比赛过程中,运动鞋的选用不当,以及护具的简单化既不利于运动,又容易导致滑倒,甚至造成踝关节、膝关节的损伤。

(四)违反体育道德的动作行为

校园足球运动中大多数故意的伤害行为都是由对抗行为引起的。队员年轻好胜,激烈的身体接触以及比赛处于被动时的急躁情绪,易导致动作过大、不道德行为的发生,如恶意的蹬踏、肘击、冲撞等。有时还会引起打架斗殴等故意伤害事故。尽管伤害事故发生后,参与者往往都对自己的行为感到后悔,但这却改变不了伤害事实的存在,也无法挽回受伤害人的损失。

(五)突发事故的发生

突发事故主要包括运动猝死和外来飞球两个类别。运动猝死的原因分为心源性和脑源性,心源性猝死最为多见,约占90%。心源性猝死最常见的病因包括冠心病、主动脉畸形、先天性心脏病等。对年轻运动员来说,最常见心脏病为肥厚型心肌病,占所有运动性猝死的36%。其次为先天性冠状动脉畸形,占17%~19%。在年龄大于35岁的较年长的运动员中,冠心病是运动性猝死的最常见原因,所占比例高达73%~95%。这些心脏疾病本身就存在于病人体内,只是运动后心脏负荷增加,这些病变的部位就开始出现问题,当心脏再也无法承受时就会导致死亡。心脏功能分为休息和运动两种情况,休息时人体各项指标是正常的,当剧烈运动时一些指数会升高并且变化无常。医学研究表明,年轻运动员群体发生心脏病猝死的危险,显著高于非运动员,且男性的猝死率是女性的10倍左右。

外来飞球的风险主要是发生在非参与者身上,大都发生在足球场周围的人身上,以跑步、散步的人居多。当然,足球比赛过程中也存在球被踢到观众席导致观众受伤的情况。这类事故的发生大部分是因为受害者未注意来球而被击伤。

第三节 校园足球运动中的安全与健康管理策略

风险的防范始于风险发生之前,一直持续到风险发生后伤害结果发生为止,通常包括风险预防、风险控制以及风险防范。从风险的发生概率以及发生后果的严重程度来看,对于风险发生概率大并且后果严重的行为通常是采取避免这种行为的发生来回避风险,对于风险发生概率一般或者小的行为,风险转移是最为常见的选择方式。对于风险发生概率大且伤害结果一般的行为,一般也采用风险转移的方式来应对,而对于风险发生概率不大伤害结果一般的行为以及发生概率大伤害结果小的行为,采取转移风险或者是接受风险都是常见的应对方式。

一、校园足球运动安全与健康问题的预防

"预防是解决危机的最好方法",将风险消灭在萌芽阶段,是风险管理的最高境界。此外,从机会成本的角度分析,降低几分的损失,就是收获了几分的收益。校园足球运动中存在各种各样的风险,有些风险是可以避免和预防的,场地以及器材老化失修导致的运动损伤都可以预防,多数情况下是学校和体育教师忽视这些现象从而引发这一类伤害事故的发生。

(一)提升校园足球安全与健康知识的认知

学生对校园足球活动中的风险的认知的不足,对足球运动中存在的各种潜在客观风险的直观判断和主观感受不足,会增加运动风险的发生概率和发生后果的严重程度。因此,提高学生的风险认知度有助于降低风险的发生概率。学校可以通过进行安全教育宣传等方式将学校体育活动中各项运动存在的各种问题与风险传达给学生。

其次,教师在学校中对学生的影响无疑是巨大的。不论是辅导员老师,还是体育教师,或者足球专业教练的言行都对学生的行为有着重要的影响,提高教师队伍的安全意识就是间接地提高学生接收安全信息的频度与量。辅导员老师在班级例会上提及校园足球运动中风险的相关信息,提醒中学生注意安全,提高安全防范意识;体育教师与专业足球教练在足球教学与训练过程中,提醒中学生注意技术动作的规范性,警告中学生避免使用高难度的动作,减少风险的发生概率。

学校与教师加强对学生相关足球运动的安全教育以及风险提示,通过口头、书面以及宣传栏等多种方式向学生及学生家长传递运动相关知识,潜移默化、耳濡目染中影响学生的运动认知与行为。

（二）丰富校园足球安全与健康问题的宣传渠道

当前绝大多数的风险告知是由体育教师与教练实施的,告知行为一般情况下是通过口头的方式完成。但是,随着校园足球运动的不断推进,越来越多的学校广泛开展足球运动,越来越多的学生参与到校园足球运动当中,与足球相关的活动、比赛越来越多,风险告知的方式也应当更加丰富。规范体育教学环节,要求体育教师将安全教育与防范措施写到教案中,提高学生的自我保护意识和安全防范意识;教师通过讲解动作、示范动作,避免学生进行错误的练习;做好必要且充分的准备活动和热身练习;及时地指导与纠正不规范的动作以及必要的警告与训诫来完成体育教学与训练。

学校可通过知识科普的方式在校内的宣传栏中张贴有关校园足球的安全健康知识,并以实际案例的形式将真实发生的事情呈现给学生。各年级、各班级也可以开展以校园足球为主题的班级黑板报展示活动,让学生参与其中,在搜集、整理相关资料的过程中了解相关内容。此外,学校也可以通过微信等即时聊天工具箱向学生和家长定期发送与运动相关的推送消息,加强沟通交流。

足球专项教练面对的学生专项运动水平相对较高,对风险的认识也不同于普通学生。在训练和比赛中,这类学生面临的运动风险比体育教学课堂中的要高出许多,风险告知书等书面材料会对学生在训练及比赛中的行为有一定的约束力。此外,教练可以与学生建立微信群,不仅可以加强教与学之间的交流,也可以通过移动终端来完成风险的告知与提醒。

（三）消除校园足球安全健康问题的客观隐患

足球场地与器材设施也是导致运动伤害事故发生的常见原因。在对中学生的调查中,场地器材因素在众多影响因素中所占比重较大。定期检修、维护场地、器材以消除安全隐患,此外,体育教师及专业教练应当注意在体育教学或者训练时检查场地的具体情况,及时排查潜在的安全隐患与风险。

足球是一项在露天空旷场地上进行的体育运动,天气对校园足球运动的开展会产生重要影响。大风天和下雨天会增加足球运动风险发生的概率,湿滑的场地以及表面湿滑的足球容易导致球员摔伤,以及身体冲撞而引起的其他损伤,此时应当提高警惕,提高对伤害事故的预见性,及时终止足球活动,避免伤害的发生或加重。学生运动导致意外受伤的原因中,身体状况不佳是伤害发生的主要原因之一,而对于学生身体状况,不论是中学生自己还是家长、教师都难以把握。因此,引入必要的身体基本运动素质的评估对中学生了解自身身体素质以及运动能力、体育教师全面掌握中学生身体条件有着重要的意义。

二、校园足球运动安全与健康事故的控制

如校园足球运动安全与健康事故伤害事故已经造成,及时有效地处理学生的意外伤害事故,确保学生及时得到治疗,最大限度地控制损失是学校以及体育教师应当着重思考和安排的。在多起校园足球伤害事故发生后,教师的处理方式不当屡次成为诉讼过程中法院认定学校存在过失的主要依据。由此我们可以看出,在面对突发的运动损伤事故时,教师缺乏合理的应急方案和专业知识,易导致处理不当,从而成为过失方。在许多司法判例中,学校承担主要责任的原因有很大一部分是因为学校在应对运动伤害事故方面缺少可供执行的应急预案和事故处理流程。大多数运动伤害事故发生后,教师或者教练大都是依据个人经验进行应急处理,许多时候对事故的严重程度判断不准确,使得伤害加重,甚至导致二次伤害。正因如此,应急处理方案的制订以及应急预案的演练便显得格外重要。

三、校园足球运动安全与健康事故应对

(一)提升保险意识

据有关统计显示,在美国,平均每人有三张保单;在日本,平均每人有六张保单;而在我国一线发达城市——广州的人均投保率为10%,也就是说10个人当中有一张保单。由此可以看出,目前我国公民的保险意识相对发达国家来说,还有不小的差距。目前,我国公民想到保险往往是在伤害发生之后,人们会发出这样的感慨:"如果买了保险就好了。"由此可见,促进公民对保险的认识,提升公民保险意识,是实现风险转移的重点,也是关键所在。

(二)拓展保险种类,开发专项保险

目前,学生购买的保险大都为个人人身意外险,而在对校园足球运动中发生的运动损伤事故进行定性时,许多保险公司不认为学生参与体育运动而发生损伤的事故属于意外事件,从而拒绝赔付。建议及时推出体育专项保险,为学生购买体育保险,当学生在学校体育运动中发生运动损伤事故时,保险可以承担一部分甚至一大部分的赔偿金额,从而减轻学校和学生双

方的经济负担。体育专项保险的推出可使学校放心开展体育运动,这在很大程度上解除了学校、家长的后顾之忧。

此外,随着校园足球运动的逐步推进,足球比赛越来越多,比赛中运动损伤的发生概率与损伤程度均高于体育教学。赛事的组织者可以效仿发达国家,强制参赛者为参赛队员购买保险,这份保险的有效期限与这项赛事的举办时间是一致的,即只针对在这次比赛过程中发生的运动损伤进行投保和赔付。当然,这需要同保险公司合作,共同研究推出这一类的险种,服务足球运动,保障学生权益。推行体育伤害事故校方责任保险制度,参与校园足球运动的学生投保所需费用由学校公用经费和学生自费共同承担,费用配比可根据当地经济和社会发展的实际情况来合理制订。

(三) 建立专项保障基金

通过社会募捐、体育局慈善救助、足球公益人士捐助等方式获取资金,成立校园足球运动专项体育伤害事故赔偿/补偿基金会。以上海为例,自2016年3月1日起,上海市将在全国率先试点"学校体育运动伤害专项保障基金",基金实行免责保障,只要发生校园意外运动伤害事故,当事学生就可以获得最高50万元的赔付。此次推出的"上海市学校体育运动上海专项保障基金",是由上海市教委与中国人寿保险集团共同研究制订的,体现了"免责保障,范围全面"的特点,以意外运动伤害事故的发生为依据,不涉及对学校及学生的责任认定;保障范围扩大至校园外,凡是参加学校组织的体育运动,无论是体育课、体育比赛、体育活动还是体育训练都将得到保障。这笔体育运动伤害基金即便是在保险领域,也属公益性创新保险产品。"以支定收,余额可以增值运行"。新基金筹集到的全部资金都会被用于学生体育运动伤害,并根据每年基金赔付的情况,决定未来的保险收费标准。这无疑是保险业在学校领域的一次重大的突破与创新,它的推出绝非偶然,而是综合考察多方面之后的决策。至于实际中的效果如何,让我们拭目以待。

第七章　足球赛事赏析

足球运动备受社会大众喜爱。欣赏足球,因为足球会使你思考人生。足球这项运动在强调高速奔跑的同时也非常注重技巧,其本身便是一种"瞬间艺术"。在某种程度上,足球文化折射着国家与民族的文化底蕴和历史进程。

从欣赏足球赛事的角度来说,我们可以依次欣赏球员所展示的运动美、技术美、战术美,比赛过程中的悬念美,以及比赛结果的悲剧美、喜剧美。

首先,运动美的欣赏是指对人在体育实践中,通过身体运动所呈现的一种动态的美的欣赏。它是体育美的欣赏重要内容,同时也是体育美的基本表现形式。

其次,技术美的欣赏主要是指对运动员为了达到比赛要求、获取好成绩而完成各种技术动作及其过程的欣赏。足球作为一种以脚控制球为主的高难度体育运动,其运动过程中表现出的各种充满美感的技术动作,如倒钩射门、凌空打门、蝎子摆尾等高难度的射门动作,让人们惊叹于运动员对于身体的控制能力和精准的时空感。一些运动员在进球后做出的空翻庆祝动作很难让人们相信他们没练过体操,尼日利亚前锋阿加霍瓦更是在进球后做出过六个后手翻加一个后空翻动作,而有着"盘带大师"之称的齐达内和德尼尔森的盘球动作就像跳舞一样充满艺术感。特别是德尼尔森在过人时做出的动作令人叹为观止,有人甚至称他是"在邮票上跳舞的人"。这就是对技术美的欣赏。

最后,战术美的欣赏主要是指对战术的成功应用的欣赏。这同技术美的欣赏主要是欣赏动作的成功完成道理是一样的。战术在团体运动中的地位是非常重要的,它往往对足球比赛的结果起着关键的作用。由于战术不像技术那么直观,它体现在多人的配合,甚至在整个比赛战略安排中,不易觉察,因而战术美的欣赏需要具备更多的知识与耐心,对人的审美能力提出了更高的要求。

足球是一部大戏,世界杯是最好的剧场。四年一度的世界杯吸引了世界各地的国家队为之奋斗。通过各地区外围赛选出最终入围决赛圈的球队。这其中有传统强队和那些不时冒出的黑马,也有一些实力羸弱的队伍以及第一次参与世界杯足球赛的新人们。由于竞技比赛的残酷性,冠军只有一个,大多数球队最终只能与大力神杯擦肩而过。

体育比赛无法事先设定,因而体育比赛总是充满了悬念美。一场公平竞争的足球比赛,双方都是以自己的能力来博胜负,在场上斗智斗勇。比赛的胜负也充满了不可预知性,因而其悬念美就显得更加强烈。在以往的比赛中,以弱胜强、以少打多而获胜的例子屡见不鲜。足球比赛总是扣人心弦,不到最后一声哨响,从场内到场外、从球员到教练都不敢掉以轻心,因为谁也无法预知下一分钟会发生什么事情。

接下来我们将回顾几个世界足坛的精彩赛事。

案例一　1986年墨西哥世界杯四分之一决赛:阿根廷 VS 英格兰

1. 比赛背景

1986年6月22日,在墨西哥城阿兹台克体育场进行的墨西哥世界杯足球赛1/4决赛,阿根廷队与英格兰队之间的四强席位争夺战充满了神奇的色彩。两队的较量由于马岛海战的原因而备受关注,在战场上失利的阿根廷队急于在足球场上找回尊严。

2. 比赛看点

比赛进行到下半场第6分钟,双方仍然保持着0:0的比分。马拉多纳先将球分给边路的队友巴尔达诺,后者的射门被英格兰后卫霍奇挡住,并回传给守门员希尔顿。此时,虽然马拉多纳抢到了第一点,但面对人高马大的希尔顿,他在头球攻门难度极大的情况下,用手将球打入球门。由于马拉多纳的个子矮小,动作也十分隐蔽,突尼斯主裁判纳赛尔没有发现,并判此球有效。希尔顿和他的队友虽然极力争辩,却无法改变结局。在下半场第9分钟,"上帝之手"发生之后仅3分钟,马拉多纳在阿根廷后半场距中线约10 m处接到队友恩里克的传球,独自带球长途奔袭60多米,先后晃过英格兰防守队员格伦·霍德尔、彼得·里德、肯尼·桑塞姆、泰瑞·布彻和泰瑞·芬威克以及守门员彼得·希尔顿六名球员,进球得分。该球也被评为世界杯历史上最佳进球之一。

在马拉多纳如此不可思议的表现下,英格兰队尽管由莱因克尔扳回一球,但也无济于事。最终,阿根廷队以2:1的比分淘汰对手,晋级四强。

案例二　2006年德国世界杯决赛：法国VS意大利

1. 比赛背景

2006年世界杯足球赛决赛于2006年7月9日在柏林奥林匹克体育场进行，意大利与法国在120分钟内踢成1∶1，双方互罚十二码点球，意大利最后夺得了大力神杯。在点球决胜阶段，意大利队5名队员全部射中，而法国队前锋特雷泽盖则射失点球，他射出的皮球击中了横梁，意大利队以总分6∶4战胜法国队，时隔24年后重新登上了世界杯冠军的宝座，历史上第四次获得世界杯冠军。这也使意大利队成为继巴西队之后，获得世界杯冠军次数第二多的球队。这场比赛也是法国队队长齐达内（三届世界足球先生得主）职业生涯的最后一场比赛。

2. 比赛看点

比赛开场还不到5分钟，法国队组织的第一次进攻，就因为意大利队马特拉齐的犯规而得到一个点球。将要谢幕的齐达内在主罚点球时，"大师"上演了勺子踢法。球进了，齐达内领衔的法国队1∶0领先意大利队，在赢得了全世界球迷掌声的同时，把巨大的压力无情地甩给了意大利队，特别是马特拉齐。但比赛如戏，真正的好戏才刚刚上演。在上半场第18分钟，意大利队皮尔洛主罚右侧角球，一脚开到门前，马特拉齐于门前6 m处高高跃起，以一个漂亮的头球攻门。马特拉齐戴罪立功，将功补过。此时，他与一代天骄世界足球天才齐达内打成了平手。在随后的70分钟，这场"戏剧"在矛盾冲突的推动下，继续向前发展。来自阿根廷的主裁判视法国队应得的点球于不顾，将托尼在正常位置上头球攻门判为越位。在意大利的防守再也不是铜墙铁壁的时候，法国队以攻代守，用强劲的攻势压制住意大利的进攻，虽然占据了上风，但法国队迟迟攻不下对方的球门。不久，场上发生了令人始料不及的变化，在全场比赛进行到第108分钟时，齐达内在无球状况下用头撞马特拉齐胸部，马特拉齐随之倒地。在之后回放的镜头中，我们看到马特拉齐在一次定位球的防守中像八爪鱼一样紧紧贴在齐达内身上，当齐达内成功摆脱之后，马特拉齐口中念念有词。两人随后发生口头争论并引发肢体冲突，最后主裁判埃利松多将齐达内红牌罚下。

齐达内就这样无奈地下场了，但比赛还在继续。在最后时刻，法国队为最后一搏换上特雷泽盖以加强攻势，同时也为即将到来的点球大战做准备。最终加时赛并未分出胜负，比赛被推入了残酷的点球大战。意大利队五罚全部命中！就在这最关键的时刻，替换上场的特雷泽盖竟将球打在了意大利队球门的横梁上。那一刻，仿佛球门都站到了意大利这边。法国队失去了捧起大力神杯的机会。

案例三 2010/2011 西班牙足球甲级联赛第十三轮：巴塞罗那 VS 皇家马德里

1. 比赛背景

北京时间 2010 年 11 月 30 日 4 点（西班牙当地时间 29 日 21 点），2010/2011 赛季西班牙足球甲级联赛第 13 轮焦点战在诺坎普球场展开，巴塞罗那主场 5∶0 大胜皇家马德里（以下简称"皇马"）。哈维和佩德罗先后破门，梅西两度助攻比利亚破门，替补出场的郝弗伦补时阶段锦上添花，拉莫斯最后时刻被红牌罚下。皇马遭遇赛季首败，联赛 7 连胜被终结。巴塞罗那取得联赛 7 连胜，反超皇马 2 分登上榜首。巴塞罗那创纪录地在"西班牙国家德比"中取得 5 连胜。

2. 比赛看点

梅西和 C.罗纳尔多成为场上焦点。比赛在雨中进行，场内气温仅有 8℃。开场仅 10 秒，阿比达尔就在边路对 C.罗纳尔多犯规。第 6 分钟，阿尔维斯传中被解围，佩德罗在 20 码处劲射被卡瓦略挡出底线。皇马再度解围角球，阿比达尔传球，阿尔维斯远射偏出。巴塞罗那在第 10 分钟取得领先，梅西传球，伊涅斯塔的直传撕开了皇马后场防线，马塞洛封铲碰到皮球，但皮球偏转后仍落在中路插上的哈维脚下，哈维小禁区边缘凌空垫射破门，这是他六年来首破皇马大门。第 14 分钟，C.罗纳尔多左路斜传本泽马。阿比达尔一脚解围，球却打中出击的巴尔德斯弹出底线。巴塞罗那在第 18 分钟扩大比分，哈维转移至左路，比利亚禁区左侧强突拉莫斯吴开角度传中，卡西利亚斯勉强扑挡，佩德罗抢在马塞洛到位之前将球射入空门，2∶0。第 27 分钟，哈维直传，佩德罗反越位成功，但卡西利亚斯及时出击化解险情。两球领先的巴塞罗那放缓了节奏，耐心控制比赛，前 30 分钟巴塞罗那控球率高达 74.8%。第 35 分钟，比利亚后场对赫迪拉犯规被黄牌警告，C.罗纳尔多 30 码处主罚任意球，直接射门，足球从人墙穿过，擦左侧立柱稍稍偏出。第 42 分钟，拉莫斯中后场丢球，梅西带球突入禁区左侧被佩佩成功抢断。第 44 分钟，阿隆索中场抢断布斯克茨，但 C.罗纳尔多在 35 码处的远射被巴尔德斯轻松没收。巴塞罗那在第 55 分钟锁定胜局，马塞洛边路阻挡佩德罗未被判罚，梅西内切直传，比利亚禁区右肋 12 码处单刀劲射破门，3∶0。第 58 分钟，梅西再度送出直传，比利亚左路禁区边缘内单刀外脚背捅射，皮球从卡西利亚斯双腿间穿过，滚入空门，4∶0。第 91 分钟，博扬右路传中，赫弗伦 8 码处抢在拉莫斯之前推射破门，5∶0。第 93 分钟，拉莫斯背后铲倒梅西，又一掌推翻普约尔，伊图拉尔德直接掏出红牌将其罚下，替补席上的哈维也因入场指责拉莫斯被黄牌警告。比赛结束，巴塞罗那在主场 5∶0 屠戮皇马。穆里尼奥同瓜迪奥拉简单握手后平静离场。

参 考 文 献

[1] 王崇喜.球类运动:足球[M].3版.北京:高等教育出版社,2015.
[2] 何志林.现代足球[M].北京:人民体育出版社,2000.
[3] 国际足联.国际足联草根足球培训手册[M].北京:人民体育出版社,2010.
[4] 弗兰克,托梅斯.德国足球训练全书[M].赵震,译.北京:北京科学技术出版社,2016.
[5] 全国青少年校园足球工作领导小组办公室.全国青少年校园足球示范课教案[M].北京:北京体育大学出版社,2018.
[6] 曾丹,邓世俊,耿建华.中国校园足球指导员培训教程[M].北京:人民体育出版社,2015.
[7] 黄绍勤,沈一麟.图解足球实战技术[M].成都:成都科技大学出版社,1987.
[8] 张廷安.足球战术教学与训练[M].北京:北京体育大学出版社,2017.
[9] 中国足球协会.足球竞赛规则2017/2018年[M].北京:人民体育出版社,2018.
[10] 中国足球协会裁判委员会.足球竞赛规则与裁判法分析[M].北京:北京体育学院出版社,1990.
[11] 张孝平.体育竞赛组织编排[M].北京:北京体育大学出版社,2008.
[12] 宋琳.足球损伤预防与体能营养恢复[M].北京:北京体育大学出版社,2018.
[13] 李颖川.体育赛事经营管理[M].北京:人民体育出版社,2008.
[14] 周龙峰.足球:赛事与赏析[M].北京:北京体育大学出版社,2013.
[15] 陈蔚云,朱秦生,池建.美国大学体育赛事赏析[M].北京:人民体育出版社,2009.
[16] 罗魁.10周足球运动干预对初中生体质健康影响的实验研究[D].扬州:扬州大学,2016.
[17] 赵树.中学校园足球运动风险安全问题与防范体系构建[D].济南:山东大学,2016.
[18] 赵彬.篮球教学安全问题及风险防范研究[D].广州:广州体育学院,2015.
[19] 喻坚.发展青少年校园足球的真义[J].体育学刊,2016,23(6):93-97.